Paolo Curtaz

DOV'È COLUI CHE È NATO?

Alla ricerca del Natale perduto

SAN PAOLO

Terza edizione 2015

Piazza Soncino, 5 - 20092 Cinisello Balsamo (Milano)
www.edizionisanpaolo.it
Distribuzione: Diffusione San Paolo s.r.l.
Piazza Soncino, 5 - 20092 Cinisello Balsamo (Milano)

ISBN 978-88-215-6602-8

INCIPIT

Sto viaggiando in treno.

È un tempo prezioso, per me.

Ho imparato a sfruttarlo bene: leggendo, pregando, e lavorando.

Prodigi della tecnica: il mio ufficio sta tutto in una borsa.

Riesco a scaricare la posta, a connettermi a Internet e a scrivere articoli e libri, mentre viaggio.

Mitico portatile!

Fuori nevica, una delle nevicate abbondanti di questa nevosissima stagione invernale.

Mi sono accorto della nevicata verso le sei del mattino.

Dalla qualità del silenzio.

Intendiamoci: ho il privilegio di abitare in una mansarda in un villaggio di montagna, a milleduecento metri di altitudine. I miei amici cittadini sorridono perché, quando mi ospitano in una qualunque città, passo la notte insonne a causa del rumore. Anche quello di una sveglia, che, regolarmente, infilo in un cassetto.

Ma, che ci crediate o meno, nel silenzio assoluto della montagna, il silenzio di una notte di neve è particolare e, nel dormiveglia, l'ho sentito.

Sono abituato ad ascoltare il silenzio. E il silenzio mi ha dato tanto, nella mia intensa vita.

Mi sono alzato subito per spalare la neve e raggiungere la macchina, sfidando il freddo pungente. Sono sceso verso la stazione cittadina con prudenza. Mi ha fatto compagnia uno spazzaneve che mi precedeva lasciandomi una strada quasi perfetta. Mezz'ora di viaggio.

Albeggiava, e il paesaggio era di quelli che mettono in crisi gli atei incalliti, che non sanno chi o cosa ringraziare, in certi casi.

In quei momenti bisognerebbe avere un Dio anche solo per potergli fare i complimenti.

Sono riuscito ad infilare l'auto in un parcheggio coperto e ho raggiunto la freccia del Nord al secondo binario.

Da Aosta a Torino in due ore e dieci. Media da motorino, ma questo offre la ditta Trenitalia (sarà che qui siamo ai confini dell'impero?).

Allontanandomi dalle mie montagne il paesaggio cambia.

Le montagne cedono il passo alle vaste pianure del Canavese e la neve, col rialzo della temperatura, si trasforma in pioggia.

Sto per vivere il mio quarantatreesimo Natale.

Mi prendo il tempo per riflettere su come sarà, su come sto, su come mi ci sto preparando.

Bella storia.

Stimoli

Sento il bisogno di mettere in ordine le tante suggestioni sul Natale elaborate in questi ultimi vent'anni.

In realtà, leggendo le omelie apparse negli anni scorsi sul mio sito internet (www.tiraccontolaparola.it), o riprendendo alcuni articoli pubblicati su *Il Nostro Tempo* di Torino, o alcune pagine del mio fortunato *Gesù zero*, o riascoltando le conferenze di Avvento tenute in questi anni in giro per l'Italia, mi rendo conto di correre il rischio di essere ripetitivo.

Ma, spero, non noioso.

Tant'è: mi sono giunti pressanti inviti da parte di alcuni amici e dall'editore a scrivere un librettino che aiutasse i discepoli del Signore a sopravvivere al Natale.

Una specie di Bignami da tenere in tasca come lettura e antidoto, un *vademecum* di sopportazione del Natale, perché sono sempre di più le persone che non riescono a digerire il Natale.

Questo Natale.

Il Natale ambiguo e pagano che ci sta rubando la teologia.

Il Natale melenso e preda dei pubblicitari, che tenta disperatamente di suscitare emozioni.

E di venderle.

L'altroNatale, come l'ho ribattezzato qualche anno fa, il Natale tarocco (nel senso di "copiato", "fasullo", mi perdonino gli amici siciliani e le loro inimitabili arance rosse!), il Natale che dimentica l'essenziale.

Spero di non essere troppo antipatico, nel farlo.

O, peggio, moralista.

Stai tranquillo, amico lettore, alla fine della lettura (se non ti annoierò troppo!), andrai lo stesso a comprare i regali e ti inviterò a fare gli addobbi, il presepe e l'albero (ecologico!).

Non facciamo un buon servizio al Natale suscitando nelle persone degli inutili (e paradossalmente comodi) sensi di colpa.

Fare gli iconoclasti, o *épater le bourgeois* non salva il Natale, gli dà il colpo di grazia.

Ciò che salva il Natale è la verità.
È la fede.
È lo stupore.

Il mio sarebbe un compito inutile, una ridondanza o, al limite, una proposta devozionale per devoti *ultras*, se solo vivessimo in un mondo normale.

Ma visto che il Natale ci è stato scippato, non senza la colpevole (e talora complice) assenza dei cristiani, mi ritrovo da anni nella spiacevole condizione di rompervi le scatole, richiamando me e voi al vero (e inquietante, destabilizzante, quasi insostenibile) significato del Natale cristiano.

Il mio Natale

Confrontandomi con diverse persone mi sono accorto che ognuno di noi è segnato dall'esperienza del Natale a partire dalla propria infanzia. Quasi tutti hanno un buon ricordo del proprio Natale, che sembra una festa fatta apposta per coinvolgere i bambini.

Del Natale della mia infanzia ho due ricordi, uno molto bello e uno piuttosto negativo.

Sono l'ultimo di tre fratelli e, dalle mie parti, non c'è mai stata troppa enfasi riguardo al Natale.

Sapete: in montagna si tende ad orsizzarsi.

Quindi poche storie e moine, zero addobbi, pochi cambiamenti rispetto agli altri giorni dell'anno.

Il presepe sì, si faceva, ed era uno spettacolo.

Ma per il regalo non si parlava di babbi natale o renne o

letterine, ma solo di una lunga ed elaborata trattativa con la mamma per avere il giocattolo visto sulle pagine pubblicitarie di *Topolino*.

Così, nonostante gli sforzi immani per restare sveglio la notte e anticipare la sorpresa, succedeva che mi addormentavo regolarmente, per risvegliarmi il mattino presto del giorno di Natale, scendendo dal letto che era ancora buio.

Allora mi precipitavo in cucina ad aprire il pacco messo sul tavolo accanto a una confezione di arance, di mandarini e di frutta secca (le adorate noccioline americane, una quasi rarità ai miei tempi!) che iniziavo a sgranocchiare alle sei del mattino fino alla nausea, mentre giocavo con le costruzioni o la macchinina appena arrivata.

Non avevamo l'abitudine di andare a messa durante la notte e, se ben ricordo, non sempre si partecipava alla messa di Natale.

Ma quella notte era magica, e l'effetto dei giochi nuovi si protraeva abbondantemente per tutte le vacanze natalizie.

Della pre-adolescenza, ho un ricordo bruttissimo.

Papà e mamma si erano appena separati e, per non so quale scelta autolesionista, avevano deciso di fare il pranzo insieme a noi figli. Ora che sono adulto mi rendo conto del clima pesante che regnava, nonostante le apparenze, e nel pomeriggio, quando mio padre se ne andò, mia madre venne colta da una comprensibile crisi di pianto.

In quel momento cominciai a mettere a fuoco una delle verità più scomode del Natale che, da allora, mi ha sempre accompagnato.

Per chi soffre, Natale è il peggior giorno dell'anno.

Negli anni del seminario, invece, Natale era per me una gran faticaccia: si doveva prestare servizio in Cattedrale durante la messa della notte. Io non sono affatto un nottambulo e ricordo lo sforzo che facevo per restare sveglio nel dopo cena, in attesa di scendere in chiesa per la celebrazione.

Questa stanchezza mi è rimasta sempre anche dopo, da parroco, e non ho mai amato la messa di mezzanotte, sinceramente. Anzi: ho sempre auspicato un'improbabile scoperta archeologica che situi la nascita di Gesù nel primo pomeriggio, in modo da celebrare una bella messa natalizia in pieno giorno!

(Ma vedendo l'andazzo nazional-popolare, penso che non cambierebbe nulla: meglio la tradizione della verità storica!).

È stato a Courmayeur, durante il mio primo Natale da prete, che mi sono accorto che qualcosa non funzionava in me e che il mio modo di capire il Natale era visto come eccessivamente originale, se non proprio eretico.

Come viceparroco, mi era stata affidata l'animazione della messa della notte: insieme a qualche giovane che stavo radunando in parrocchia, avevo organizzato una piccola messinscena durante la messa, tanto per vivacizzare l'usuratissimo presepe vivente. Niente di che, per me allora: avevo creato dei personaggi (il benpensante, l'albergatore, l'anziano, il ragazzo tossico...) che si mischiavano alla folla e dagli altoparlanti uscivano, registrati, i loro pensieri.

Era un modo per dire: *Ehi, bella gente! Qui ognuno ha i suoi percorsi e i suoi trip mentali, ma Dio nasce lo stesso in mezzo a noi!*

La cosa piacque a molti, specie ai "miei" giovani.

Qualche giorno dopo ricevetti una piccatissima lettera di una turista milanese che, infastidita dalla piccola messinscena, mi accusava di essere un prete insensibile e di averle rovinato il "suo" Natale fatto di bambini vestiti da pastorelli e da angioletti.

Urca!

Era la prima volta che mi trovavo di fronte a una realtà fino ad allora sconosciuta: cercare di attualizzare il Natale, riportandolo alle sue origini e al suo significato salvifico, è una cosa che alcuni considerano addirittura blasfema!

Natali doloranti

Ho vissuto il Natale per quasi vent'anni da prete in attività.

Viceparroco, prima, parroco e pluri-parroco poi.

Ci si stancava molto, a dire il vero. Le confessioni (tante, tutte all'ultimo!), il presepe da fare o da far fare, qualche presepe vivente, le doppie celebrazioni... Negli ultimi anni arrivavo a mezzogiorno del Natale distrutto e, dopo un rapido pasto, dormivo un paio d'ore per recuperare le forze e affrontare la maratona del tempo natalizio (ai liturgisti strapperei le ciglia: in quattordici giorni, fra giorni festivi e vigilie si celebra ogni due giorni!).

Ci sono stati dei momenti molto belli, sinceramente.

Emozioni, silenzi, notti di freddo pungente.

Uno dei momenti più belli è sempre stato quello della celebrazione della messa a Saint Georges, una delle mie quattro parrocchie.

Si celebrava molto presto la messa della notte, poco dopo le ventuno, perché molti dei miei parrocchiani avevano le mucche che andavano munte alle quattro del mattino e, a quanto pare, non rispettavano il riposo natalizio (mucche scintoiste?).

Iniziavamo fuori, in mezzo alla neve, davanti a un falò

che illuminava la notte, preparato da alcuni giovani; poi si entrava nella chiesa settecentesca illuminata dalla fiamma di centinaia di candele, in processione, Laura, l'organista (nonché sindaco del paese), ci aveva preceduti e suonava una splendida pastorale di Natale. Alcune volte Rémy e suo fratello, una famiglia di musicisti, la accompagnavano con la cornamusa.

Era una forte emozione per tutti, credenti o meno, una situazione coinvolgente e autentica.

Con un po' di fantasia, togliendo la neve e il freddo, ci si sentiva davvero come a Betlemme, davanti allo stupore di un bambino donato.

Anche per me, prete, era uno dei momenti in cui mi sentivo pellegrino, viandante, scopritore, pastore, servo di un piccolo popolo, cercatore di Dio.

All'altare ci aspettava sempre l'ultimo nato dell'anno, in braccio ai suoi genitori.

La bellezza intensa, intrinseca, evidente di un neonato in braccio ai suoi genitori diventava un vocabolario comune a tutti, un trampolino verso il mistero.

Il pomeriggio della vigilia era un giorno molto intenso, per me.

Percorrendo le lunghe strade di montagna, spesso innevate, che portavano da una parrocchia all'altra, per preparare la messa a chi sarebbe venuto a darmi una mano, m'immaginavo il povero Giuseppe che incitava il ciuchino ad accelerare il passo, vedendo la propria sposa sempre più sfinita.

E quando la stanchezza era quasi insostenibile, invocavo nella preghiera proprio lui, Giuseppe, perché mi desse un briciolo della sua forza, mi aiutasse a far nascere il Signore nel cuore dei tanti che, quella notte, avrebbero partecipato alla messa di Natale, mi facesse diventare un'ostetrica della nascita di Dio.

Lo scorso anno, Natale è stato un momento molto particolare, inatteso, un quasi regalo.

Non avendo impegni di ministero, ho deciso di passare la notte dai miei amici monaci.

(In primavera, unica volta nella vita, sono anche riuscito a vivere la Pasqua a Gerusalemme!)

Quella vissuta in un monastero è una festa di Natale molto intima: vigilia, messa della notte e, ad *abundantiam*, un simpatico ufficio dei pastori. Dopo quattro ore di canti e preghiera (!), verso le tre del mattino, ci aspettava una spettacolare "colazione" a base di cioccolata calda e biscotti.

I monaci, dopo, sono tornati a pregare in una lunga notte di adorazione.

Io, con più realismo, sono andato a dormire qualche ora per ripartire all'alba e andare a trovare mio padre in ospedale, senza sapere che sarebbero stati i suoi ultimi giorni di vita.

Prima di coricarmi qualche ora, passeggiavo nel chiostro: la luna illuminava a giorno il bosco di castagni sprofondato nella neve. Quanta bellezza racchiude il mondo, quando si ha il cuore per accorgersene!

Ma Natale mi ha portato anche, negli ultimi anni, la crescente consapevolezza di quanto dolore susciti quel momento nella vita di troppe persone.

Il clima natalizio, le luminarie, le immagini pubblicitarie rassicuranti, la tradizione del pranzo con la famiglia... Tutte queste belle cose suscitano, in chi sta soffrendo, una pena indicibile, un vero e proprio strazio, una catastrofe interiore.

Per chi è solo, per chi ha subito un lutto, per chi vive una situazione familiare problematica, per chi è ammalato o in carcere, per chi ha un temperamento ombroso, il clima natalizio è insopportabile e spera solo che Natale finisca il prima possibile.

Quante volte mi è successo, nel pomeriggio del giorno di Natale, di fare qualche telefonata a persone che sapevo sole e che, alle cinque del pomeriggio, mi confessavano di non avere ricevuto nessun augurio, nessuna telefonata, nessun regalo!

Quanto mi ha colpito e ferito sapere dal cappellano del carcere che sotto Natale raddoppiano i tentativi di suicidio da parte dei carcerati!

Mi sono prima commosso, poi indignato, infine arrabbiato con me stesso, con tutti, con noi cristiani sbiaditi del cavolo!

Il messaggio del Natale è che Dio viene per farsi riconoscere dai poveri, e proprio i poveri vivono il Natale come il peggior giorno dell'anno? Come minimo abbiamo un problema di comunicazione, noi cattolici!

Quindi

Quindi, serva quel che serva, costi quel che costi, ho deciso di portare avanti la (defatigante) lotta per liberare il Natale dallo scrigno di zucchero e melassa in cui l'abbiamo racchiuso, per raggiungere almeno qualche povero e scaldargli il cuore con l'annuncio del vero Natale.

Proverò a rileggere a voce alta il vangelo del Natale, superando i luoghi comuni e l'abitudine, per cercare di ritrovarne il volto autentico.

Forse, fra le qualche migliaia di lettori che leggeranno queste pagine, qualcuno, che ha acquistato questo libercolo per sopravvivere al Natale, troverà qualche motivo di meditazione. E di consolazione.

Non sarò tenero, ma vero.
Sarà la Parola a consolare.
E se questo significherà passare per iconoclasta, pazienza.
Se l'operazione di restituire alla verità il Natale cattolico provocherà qualche reazione sdegnata, amen.

Amico che godi del tuo Natale fatto di statuine e di pandori, di buoni sentimenti e di *Stille Nacht,* se proprio vuoi che nessuno tocchi il "tuo" Natale, puoi ancora fermarti qui, chiudere il libro e metterlo nello scomparto della tua biblioteca dove tieni i libri intonsi (o inutili o proibiti), e cancellare dalla tua lista di amici chi te l'ha regalato.
Ti ho avvisato: stai per leggere un libro destabilizzante, perché Natale è, di tutte le feste, la più inquietante.
Fermati, sei ancora in tempo.

Anch'io devo smettere, sto entrando in stazione.

LA RAGIONE DEL NATALE

Da quasi due anni non presento nessun libro.

Mi è stata chiesta una lunga pausa di riflessione da parte dei miei superiori, e l'ho fatta.

È servita, almeno, a farmi crescere nella consapevolezza della grandezza di Dio e della piccolezza dell'uomo, me compreso.

(A dire il vero lo sapevo già. *Repetita juvant*)

Così ho accettato, non senza qualche apprensione, la presentazione del mio *La lettera perduta* in una piccola libreria cattolica di una piccola cittadina del Nord Ovest. Ho accettato per l'insistenza dei gestori e per vincere i miei timori.

Abbiamo fissato una domenica pomeriggio come momento dell'incontro.

Piove da due ore, mentre scendo in automobile. Poi, verso la meta, la pioggia si trasforma in neve.

Siamo in pianura, ma sembra di essere dalle mie parti, e qui non hanno molti mezzi spazzaneve.

Figuriamoci di domenica!

Rischio di dover mettere le catene a duecento chilometri da casa!

Penso che sia un segno: con tutta questa neve non verrà nessuno, penso.

La stessa cosa mi dice il prete che mi accoglie e mi accompagna in libreria: non aspettarti molta gente.

E invece...

La libreria è piena: una cinquantina di persone hanno sfidato la neve per incontrarmi.

Buffo: è solo quando incontro i miei lettori che scopro di essere uno scrittore.

Vedere i loro volti, ricevere i loro commenti (e complimenti, le critiche me le scrivono), ascoltare, anche se brevemente, le loro storie mi riempie di coraggio e di forza.

Per loro scrivo, per te, amico lettore.

La serata continua con una cena tra amici e un incontro con i giovani.

Mi porto dentro la splendida accoglienza che ho ricevuto (ne avevo bisogno, sinceramente), la vitalità e la speranza di una chiesa locale e di un laicato motivato e la frase di un lettore che mi congeda dicendo:

«Qualunque difficoltà tu possa incontrare, don Paolo, scrivi. Fallo per me, fallo per noi, spezza la Parola, non lasciare il talento sepolto sotto terra, scrivi, scrivi, ti prego».

Lo rassicuro, mi rassicuro.

Messaggio ricevuto, insopportabile Gesù, forte e chiaro.

Passo la notte in albergo e mi sveglio presto: una provvidenziale pioggia ha pulito le strade, posso passare a trovare gli amici paolini ad Alba, poi rientrerò tra le mie montagne.

Prima di scendere a colazione riprendo a scrivere.

Sono carico come una sveglia.

Accadde

Il problema è che accogliamo il Natale in maniera acritica, banale, come se fosse lì da sempre, come se fosse una specie di mito delle origini, una pia favoletta edificante che solletica i cuori, una buona occasione per addobbare casa e farsi dei regali (e magari per sentirsi più buoni, perché a Natale "si può dare di più" perché "a Natale puoi"...). La nostra società tende a banalizzare e a omologare qualunque cosa: *halloween* e Natale, la prima comunione e la filosofia buddista, senza approfondirne le origini, senza capirne le ragioni, senza conoscerle, senza rispetto.

Il nostro mondo ha fretta, divora le idee, le semplifica, le riduce, produce un gigantesco *copia e incolla* della realtà.

Un qualunque adulto normo-dotato che vive oggi in Italia può ricevere più informazioni in una giornata di quante ne abbia ricevute il mio bisnonno durante tutta la sua vita.

E questo non ci aiuta. Crea confusione, azzera la voglia di capire e di cercare.

Vi siete mai chiesti cos'è il Natale? Perché il Natale? Cosa festeggiamo durante il Natale?

Vedo già il sorrisetto sulla bocca di qualche lettore smaliziato.

«Ma dai! Non prenderci in giro! A Natale nasce Gesù, nostro Salvatore».

Vero, bravi, un bell'applauso, potete partecipare a qualche trasmissione televisiva a quiz (avete visto che figuracce quando si parla di temi religiosi?).

Ma che significa?

Gesù non nasce a Natale, è già nato duemila e rotti anni fa, non fate confusione nella testa libera di vostra nipotina!

E ci salva da cosa? E chi gliel'ha chiesto di salvarci?

E siete sicuri che tutti sappiano che a Natale si fa memoria della nascita del Signore?

In questi ultimi anni la stragrande maggioranza dei ragazzi che incontravo a catechismo (splendidi ragazzi con buone famiglie alle spalle) ha sempre dato, come prima risposta: «A Natale arriva Babbo Natale!».

(La cosa non mi ha mai scandalizzato, e non è un problema di catechesi o di catechiste, sia ben chiaro, è solo che il messaggio cristiano deve farsi faticosamente strada tra molte visioni del Natale! È un dato di fatto, non facciamone una colpa ai bambini o ai genitori, che vivono semplicemente in questo mondo!).

Non diamo per scontato ciò che scontato non è.

Proviamo a ridire, con calma, cosa celebriamo a Natale.

Un Dio chiacchierone

La Bibbia e coloro che ad essa di ispirano (i nostri fratelli maggiori, gli ebrei, e noi cristiani) pensano che Dio sia un gran chiacchierone. Non solo che ci sia e che sia una gran bella persona, ma che abbia anche voglia di comunicare, di dire, di capire, di interagire, di relazionarsi con noi uomini.

Questa cosa a parecchi miei amici suona veramente strana. E hanno ragione.

Ma cosa cavolo importa a lui, Creatore dell'universo immenso, di occuparsi di una briciola infinitesimale di pianeta che pullula di rissose e insoddisfatte creature che, peraltro, hanno passato gran parte della loro storia a scannarsi proprio in nome di Dio?

Non lo so, fidatevi.

Penso, leggendo la Bibbia, che questo desiderio di comunicare di Dio abbia a che fare con il suo buon carattere e con l'amore, quello vero, quello che costruisce e stimola, che sazia e infiamma, non con quello spesso limitato e stanco delle nostre coppie.

E forse ha anche a che fare con la sua sana follia e passione artistica (perché Dio, si sa, di arte se ne intende).

Dio desidera comunicarsi perché l'uomo entri in relazione con lui, perché lo possa incontrare.

D'altronde quest'idea di Dio che si lascia incontrare è presente in quasi tutte le esperienze religiose umane e che Dio si racconti lo dice anche la fede islamica.

Tutti abbiamo un'idea di Dio.

È difficile vivere senza mai porsi le domande del senso della vita e delle vicende umane, siamo seri.

Rispondere che siamo figli del caso o che non possiamo sapere né dire nulla a questo proposito è una soluzione, ma a me, sinceramente, lascia proprio l'amaro in bocca.

Possiamo leggere la storia dell'umanità come un immenso tentativo dell'uomo di darsi una spiegazione, di rispondere alla domanda del perché le cose esistano, ed esistano in questo modo.

Tutti abbiamo un'idea di Dio.

Spesso orribile.

Me lo confermano gli amici psicologi (credenti o meno) e la mia esperienza.

Voltaire aveva piuttosto ragione, scrivendo che l'uomo crea Dio a propria immagine e somiglianza.

E anche il barbuto Marx diceva del vero affermando che, spesso, Dio è la proiezione dei nostri bisogni.

E Sigismondo Freud non aveva aggiunto che, spesso, Dio

è la proiezione anche delle nostre paure e diventa una psicosi collettiva?

Ho incontrato molte persone, troppe, che pensano a Dio senza la capacità di uscire dal proprio limitato orizzonte, cucendogli addosso un vestito fatto di nozioni mandate a memoria, di emozioni mistiche e di qualche rassicurante convinzione imparata durante l'infanzia.

Gandhi diceva, e anche lui con qualche buona ragione, che l'enorme numero di divinità presenti nell'induismo, la sua fede, nasceva dalle tante visioni di Dio presenti nel cuore dell'uomo.

Se il cammino dell'umanità può essere letto come una gigantesca ricerca di senso e come un tentativo di superare i propri limiti, la "scoperta" di Dio è avvenuta sempre con molta difficoltà e con molte ambiguità.

Penso (semplificando!) alla visione di una divinità che si fa gli affari propri, che imita, in peggio, i vizi degli uomini, come erano le divinità rissose del Pantheon greco; all'approdo dualista di questa ricerca con la contrapposizione di divinità buone e malvagie; o agli intrecci fra i poteri politici e militari e il mondo religioso (le complesse civiltà passate centro americane e non solo!)...

Il Dio di Israele

Così Dio, il Dio della Bibbia, ad un certo punto ha deciso di raccontarsi attraverso l'esperienza di un minuscolo e rissoso popolo del Medio Oriente.

Non il più virtuoso, né il più forte, né il più ingegnoso.

(E questo la dice già lunga su come si muove Dio nella Storia...)

Un popolo di nomadi caduti in un regime di semi schiavitù in Egitto, liberato grazie a un principe egiziano di origine ebraica, un popolo che ha sempre dovuto confrontarsi con la potenza militare dei vicini e ha sempre dovuto fare buon viso a cattivo gioco di fronte ai cambiamenti politici delle epoche in cui ha vissuto.

Ma un popolo che ha sempre avuto l'assoluta certezza di avere ricevuto un impegnativo compito da parte di Dio: farsi proclamatore del vero volto della divinità.

Compito quasi impossibile, visto che è stato affidato al popolo più fragile del Medio Oriente!

Parlare di un Dio unico ai potentissimi egiziani non era una passeggiata!

E convincere i babilonesi a non compiere sacrifici umani?

O gli assiri a lasciar perdere gli idoli?

L'immagine che mi viene in mente per visualizzare la sproporzione fra le capacità di Israele e il compito affidatogli da Dio, è quella di un impolverato e smagrito Mosè, vestito da pastore nomade (perciò stesso leggermente maleodorante...), che si presenta alla corte del faraone Ramses, il figlio di Ra, il sole, in un palazzo lastricato d'oro, per convincerlo a lasciar partire un intero popolo di schiavi nel deserto...

Ma dai!

Eppure Israele questo compito l'ha assolto. Fra alti e bassi, non senza errori e ingenuità, ma l'ha svolto!

Che stupore, che coraggio, che fede! Onore a voi, fratelli ebrei! Onore alla vostra costanza! (Quanto sangue vi è costato questa fedeltà, anche per colpa di noi cristiani!).

Leggere (bene) la storia di Israele mette le ali al cuore.

Abramo, Mosè, Giosuè, Davide, i Profeti... quanti innamorati di Dio, appassionati, mistici e guerrieri hanno speso la loro vita a raccontare Dio, a correggere il tiro, a togliere il popolo dalla tentazione di fare di Dio un idolo!

Le cose sono andate così così: a volte bene, a volte malissimo.

Non basta avere incontrato Dio per vivere alla sua presenza.

E anche la storia di Israele è costellata di fedeltà e di slanci ma anche di cadute di stile clamorose, come quando l'esercito andò in battaglia portandosi dietro l'Arca dell'Alleanza, come se fosse un feticcio potente da usare contro gli avversari, e perse! (cfr. 1 Sam 5).

Così Dio, quando ormai non c'era più possibilità reale di spiegarsi, ha deciso di rompere gli indugi.

E di venire lui, a presentarsi, a raccontarsi.

Tenero!

Nella pienezza dei tempi

Nella pienezza dei tempi, è apparsa la gloria di Dio (cfr. Tito 2,11-14).

Non so perché proprio quello sia stato il momento della pienezza.

Qualche autore del passato ha azzardato che fosse il momento giusto grazie alla raggiunta *pax romana.*

O forse perché la ricostruzione del tempio, compiuta dall'abile re Erode, aveva fatto credere al popolo che si era tutto sistemato e Dio, burlone, ci ricorda sempre di non dormire sugli allori. O forse perché il popolo non ce la faceva più ad aspettare.

Dio è venuto: ha chiesto accoglienza a una ragazzina tredicenne e al suo amato futuro sposo, ed è nato, è diventato uomo, uno di noi.

Dio è diventato uomo, ha imparato qualcosa che non sapeva: la finitezza.

Mi piace questa cosa.

(Lo so, lo so: quest'idea, teologicamente, scricchiola, ma poeticamente è una meraviglia e mi apre il cuore al sorriso).

Il problema è che l'accoglienza non è stata granché, sinceramente.

Israele aspettava il Messia, e con forza, ma quando il Messia è venuto non è stato riconosciuto.

Insomma: l'umanità non ci ha fatto una gran bella figura!

Lo dico perché resto sempre stupito dalla sfacciataggine con cui celebriamo il Natale.

Sarebbe più onesto festeggiarlo sottotono, evitare di suonare le trombe (adesso) e accendere le luci come se fosse una consuetudine quella di accogliere Dio.

Il primo Natale è stato proprio meschino, non scordiamocelo mai!

Penso, allora, che tanta melassa e tanto zucchero facciano del male al Natale, ci distolgano dall'essenziale, ci impediscano di capire l'enormità della cosa che festeggiamo, la sproporzione inaudita fra le nostre attese e le risposte di Dio.

San Giovanni, il grande mistico, ha colto al volo l'essenza del Natale, la sostanza:

Dio è venuto, ma l'uomo non c'era.

LUCE E TENEBRA

Nevica.
Sai che novità!

Stamani, dopo avere iniziato la giornata con la preghiera, mentre facevo colazione guardavo divertito le immagini televisive che giungevano da Torino e da Milano.

Le grandi città sono paralizzate dalla neve.

(Chiedo scusa a chi ha vissuto dei disagi reali, vi sono compitamente vicino nella coda in auto sotto la neve).

Ho sorriso perché bastano venti centimetri di neve per bloccare due milioni di persone.

Alla faccia del mito del progresso e delle nostre grandi capacità organizzative!

Natura batte progresso venti centimetri a zero!

Dal video arrivano numerose interviste a poveri pendolari che non sono riusciti a raggiungere il posto di lavoro e le consuete lamentele nei confronti dei sindaci, come da copione.

Dalle mie parti non ci si scompone più di tanto, quando nevica; in questo il mio spirito montanaro mi aiuta.

Nevica? Si sta a casa, punto.

(Tra l'altro quasi tutti hanno in casa la stufa a legna di emergenza e le scorte di cibo per tre o quattro giorni, l'istinto di sopravvivenza insegna!).

Poi si dichiara lo stato di emergenza (così nessuno ci toglie un giorno di stipendio), ma si sta a casa a godersi la nevicata. Si esce a giocare a palle di neve con i bimbi e si mettono in ordine le foto del mare della scorsa estate.

Io, oggi, avevo in programma due ore di sci alpinismo.

Pazienza. Prevedono una schiarita per domani, vedrò di compiere il sacrificio e di fare un percorso in sicurezza.

Amo la montagna, penso che l'abbiate capito!

Ieri, invece, sono andato a farmi una passeggiata con le racchette da neve.

Niente di che, per carità, due ore qui vicino a casa mia, nell'alta Valle del Gran san Bernardo, verso gli alpeggi di Flassin. Il fondovalle ha la caratteristica di essere perennemente in ombra e il freddo è davvero impressionante, pur essendo poco alto, non più di 1300 metri.

Così, ben vestito, mi sono avventurato sprofondando nella neve, troppo farinosa anche per le racchette.

Lo spettacolo era straordinario: gli alberi carichi di neve, il colore del cielo che si stagliava contro le cime delle montagne tendente al viola, il silenzio assoluto.

Ho faticato, e tanto, e il freddo ha subito lasciato il posto al calore della sudorazione da sforzo.

Una situazione sempre curiosa: il termometro segnava quattordici gradi sotto zero, sotto il piumino e il berretto di pile sudavo, ma il sudore si ghiacciava appena solcate le guance. Sono andato avanti così per una mezz'ora.

Avevo calcolato l'arrivo del sole intorno a mezzogiorno, e così è stato.

E ho vissuto per l'ennesima volta un fenomeno fisico impressionante, già vissuto, ad esempio, sui ghiacciai, quando si cammina all'aurora, l'ora più fredda della notte: il raggio di sole si avvicinava alla mia posizione e il freddo, respinto, diventava ancora più freddo, quasi che si ribellasse alla sconfitta.

(Se c'è qualche amico fisico o meteorologo alla lettura mi spieghi scientificamente questa cosa poetica, grazie)

Mi sono fermato e ho aspettato immobile: sono passati sì e no tre minuti e il freddo è diventato insopportabile, facendomi battere i denti.

Poi, come un miracolo ripetuto, il sole mi ha colpito in pieno volto, restituendomi calore.

Anche nella vita succede così: il freddo diventa insopportabile un attimo prima che ceda il passo al tepore del sole.

La tenebra si fa più accanita quando sta per sorgere il sole.

Ricordatelo, fratello sanguinante, sorella scoraggiata.

Il mistico

Giovanni non parla del Natale, lo dà per scontato, inizia il suo vangelo con la predicazione del Battista.

Alla fine della sua fatica, però, aggiunge un inno, una poesia, all'inizio del suo scritto, una specie di riassunto teologico di altissimo profilo (se arrivate alla fine del libercolo, lo commento).

Mi piace partire da qui, perché Giovanni riesce a descrivere benissimo il Natale.

La luce nelle tenebre brilla
e le tenebre non la compresero
(si può anche tradurre *accolsero* o *vinsero*).
(...)
Venne nella sua proprietà

e i suoi non lo accolsero.
A quanti però lo accolsero
diede il potere di divenire figli di Dio,
a coloro che credono nel suo nome
(Giovanni 1,5.11-12).

Giovanni dice che Dio ha deciso di diventare uomo, di tornare nella sua proprietà, di far brillare la sua presenza in mezzo agli uomini, ma gli uomini non l'hanno capita questa luce, né accolta, né sconfitta.

Giovanni, come spesso accade nel suo vangelo, toglie molta poesia alla venuta di Cristo e inserisce un dato di realtà inequivocabile: Gesù è segno di contraddizione, la sua venuta rivoluziona il nostro modo di pensare Dio, Gesù suscita imbarazzo, scandalo, discussione, Gesù è una pietra di inciampo.

E questo accade sin dall'inizio, sin dalla nascita.

Finché Dio sta nei cieli, ognuno lo adatta alla propria sensibilità, lo accomoda, lo sistema, se lo immagina un po' come gli pare. Ma se Dio viene, allora siamo obbligati a confrontarci, a prendere o a lasciare.

L'incarnazione di Dio lo rende accessibile, evidente: non possiamo più nasconderci dietro i nostri ragionamenti, le nostre filosofie, le nostre opinioni.

E il vero volto di Dio è inquietante, perché è completamente diverso da ciò che noi vorremmo.

Il volto di Dio è insostenibile (come dicevano i profeti di Israele), non si riesce a sopportare perché mette a nudo le nostre povertà e le nostre menzogne. Non nel senso che Dio ci giudica, no!

Ma la sua bellezza ci mette davanti all'evidenza delle nostre finte bellezze, dei nostri *lifting* mal riusciti, delle nostre contraddizioni.

Dio svela la verità di Dio.

E la verità dell'uomo.

Eccolo

Che ce ne facciamo di un neonato?

Siamo seri, anche spietati, volendo, ma onesti.

Lo volete davvero un Dio così?

Ma come: noi cerchiamo un Dio muscoloso, onnipotente, capace di risolverci i problemi, un Dio che prenda le nostre difese, che sistemi i nostri guai e ci troviamo di fronte a un neonato bisognoso di tutto?

Non so che farmene di questo Dio!

Mi crea guai!

Mi suscita imbarazzo!

Chiede, invece di dare!

Credetemi, amici: quel neonato dalla pelle arrossata che cerca il seno acerbo della madre ci scuote dalle fondamenta, rade al suolo ogni nostra idea di Dio.

A chi sarebbe venuto in mente di inventarsi la storia di un Dio bambino?

E un bambino che nasce da una coppia di poveri?

In un paese occupato?

Ma dai!

L'incarnazione ci raggela, perché dice chi è veramente Dio.

Un Dio che ama la vita fino a volerla condividere.

Un Dio che accetta la sfida di spogliarsi della propria divinità per condividere ogni istante con l'uomo.

Un Dio che, per amore, decide di mettersi alla pari, di annientarsi, annichilirsi, come avrà il coraggio di scrivere san Paolo.

Dio diventa uomo per salvare l'uomo, scrivono i Padri della Chiesa d'Occidente.
Dio diventa uomo perché l'uomo diventi Dio, scrivono i Padri della Chiesa d'Oriente.
Dio diventa uomo perché l'uomo, infine, impari ad essere uomo, aggiungiamo noi.
(E Marco, da cui copio questa bella sintesi).

Dio è così innamorato della vita da decidere di incarnarsi.
Dev'essere splendida la vita, se Dio accetta di incarnarsi, di diventare uno di noi.

Spogliazione

Dio si spoglia, si consegna, si ostende e chiede a noi di fare altrettanto.
Ci chiede di diventare adulti, finalmente.
L'uomo si lamenta dell'assenza di Dio?
Dio viene, e pochi lo accolgono.
L'uomo si lamenta della lontananza di Dio?
Dio si fa vicino, e l'uomo guarda da un'altra parte.
L'uomo chiede a Dio di preservarlo dal dolore?
E Dio diventa uomo per portarlo insieme, il dolore.

Contrasti

Questo atteggiamento suscita imbarazzo.

E violenza.

Violenza fisica, cieca, ottusa, come quella del potente Erode.

Indifferenza e ostilità, come quella del potere religioso appena ricostituito.

Questo atteggiamento suscita clamore in tutta Gerusalemme e nella brava gente di Betlemme,

nei pii devoti e nei saggi teologi, perché Dio non rispetta le loro regole, incarnandosi.

Questo atteggiamento suscita, da allora e per sempre, incredulità e ironia.

Natale? Una bella favoletta per bambini.

Anzi, vestiamoli tutti da angioletti e pastorelli per la recita della messa della notte!

Bello Natale, per carità, una bella festa piena di emozioni.

Ma finta.

La luce brilla nelle tenebre.

E i suoi non l'hanno accolta.

Non l'hanno capita.

Ma non l'hanno neppure vinta.

E Matteo rincara la dose (lo vedremo con calma, state tranquilli).

I Magi portano al bambino, fra i doni, la mirra.

La mirra?

La mirra è una pianta amara fatta essiccare o bollire per farne un unguento o una polvere.

Ideale per imbalsamare i cadaveri.
Piuttosto inopportuno come regalo di battesimo, che dite?
Se vi piace la poesia, possiamo interpretarlo come il dono della sofferenza che facciamo al Figlio di Dio, come l'offerta di noi stessi e dell'umanità piagata.
Se vi piace l'ardita teologia matteana, l'umanità riconosce in questo bambino il segno di contraddizione, la pietra d'inciampo, il crocefisso.

Scrivevo, quand'ero giovane e audace: è pieno di sangue, il Natale che abbiamo riempito di melassa.

La liturgia osa, provoca, scuote.
Il giorno dopo Natale celebriamo il massacro del primo cristiano, Stefano.
E tre giorni dopo, il bagno di sangue dei bambini di Betlemme.
Dio porta la pace: l'uomo preferisce la violenza.

Solo i nostri fratelli ortodossi hanno osato dirlo, hanno osato scriverlo, hanno osato dipingerlo.
Nell'icona della natività di Rublev, Maria, sdraiata, pensa a ciò che è successo, senza neppure guardare il bambino che, avvolto dalle fasce, giace.
Non in una mangiatoia.
In una tomba.

Dio, incarnandosi, ha già preso la sua decisione: amerà l'uomo ad ogni costo, testimonierà il Regno ad ogni prezzo, andrà fino in fondo alla sua missione.

E, in questo contesto, i pochi vangeli che ci parlano del Natale ci raccontano di alcuni personaggi che diventano esemplari.

Facile fare uno schema: da una parte quelli che accolgono l'inaudito di Dio. Pochi.

Dall'altra, coloro che lo rifiutano: quasi tutti.

In mezzo, nessuno.

CHI RIFIUTA

Sarà un Natale particolare, dice il telegiornale: la gente ha paura di spendere, ma bisogna mantenere alto l'ottimismo.

Bene: sono molto ottimista, proprio tanto, uhhh! Come vedo tutto rosa!

Ma spenderò comunque poco, fidatevi.

E, come me, moltissimi.

Non è un problema di fiducia: è che lo stipendio, in questi ultimi anni, è rimasto quasi invariato e i prezzi, invece, continuano a salire.

Io sono fra quei furbi che qualche anno fa si è convertito al diesel per risparmiare facendo il pieno all'automobile.

Ah! Ah!

In giro, comunque, la gente entra nei negozi con prudenza e annusa l'aria che tira.

Un amico prete mi dice che, forse, questo tiro di cinghia servirà ad essere tutti meno superficiali.

Me lo auguro di tutto cuore.

...

Sono sceso a Milano per lavoro, qualche giorno.

È l'occasione, per me, di vedere un po' di gente e di far visita all'editore.

Ho ammirato anch'io, impressionato, i campi della periferia di Rho coperti di neve: c'è una luce bellissima e inusuale in questa stagione e il cielo di Milano sembra non avere mai conosciuto lo smog!

(Ma com'è bello il mondo se l'uomo non fa di tutto per rovinarlo...)

Poi, al secondo giorno di trasferta, faccio una capatina a Bergamo, a trovare due carissimi amici.

Mi accolgono come un principe, al solito, e la sera, come consuetudine, hanno invitato una ventina di amici a bere qualcosa.

E a parlare di vangelo.

Visto che Natale si avvicina, tocca a me, ora, commentare l'evento.

Tiro fuori la mia solita meditazione, quella che sto mettendo per scritto: Natale come dramma, sfida alla nostra fede, chi accoglie, chi no...

C'è un bel clima, sono sereno e disteso. Mi affido.

Invochiamo lo Spirito Santo, per non sprecare la serata, gli chiediamo di aprire i nostri cuori alla Parola.

Lo faccio sempre, anche quando medito per conto mio: è solo alla luce dello Spirito che riusciamo a penetrare la profondità del mistero di Dio. Poi, inizio la riflessione e cerco di lasciarmi condurre dal Maestro.

Terminata la chiacchierata, preghiamo tutti un momento, in silenzio.

Il Signore è passato nel cuore di molti.

Nel mio, soprattutto.

Il clima si distende, ci alziamo e ci avviciniamo al tavolo dove la padrona di casa ha preparato dolci e vino dolce. Mentre prendiamo qualcosa e ci facciamo gli auguri, mi si avvicina Rossana.

«Sai Paolo, avevo scaricato questa meditazione dal sito e l'avevo ascoltata con attenzione. Mi ci sono ritrovata, ma oggi mi è piaciuta molto di più, perché sei partito da chi non accoglie per arrivare a chi accoglie. La volta scorsa avevi fatto il contrario e, alla fine, mi era rimasta una sensazione di sgomento. Preferisco sempre concludere con le cose positive».

Le sorrido.

Avete presente quando si dice che lo Spirito Santo usa i fratelli per dirci delle cose, no?

Appunto.

Seguo l'invito di Rossana. Partiamo da quelli che non hanno accolto il Signore.

Poi, finiremo in gloria.

(Quella che gli angeli cantano nell'alto dei cieli e che dona pace agli uomini amati da Dio)

ERODE E IL TERRORE DI DIO

Bel tipo, Erode, oggettivamente.

È un gran furbo, un abile politico, con una spanna di pelo sullo stomaco.

Senza scrupoli, senza remore, senza sensi di colpa, ha un intuito politico che lo fa restare in sella per quarant'anni filati.

Ma è abitato da un odio feroce, un rancore immenso, una rabbia inestinguibile: i suoi sudditi non lo considerano, lui, il re d'Israele, come un vero ebreo.

E, a dirla tutta, la sua appartenenza al popolo ebraico è piuttosto labile.

È un Idumeo, un discendente della tribù che si riconosce in Esaù, fratello di Giacobbe (quello delle lenticchie, ricordate?), un popolo nomade insediato nel lembo meridionale del mar Morto, nei pressi della sponda del mar Rosso. Solo il re giudeo Giovanni Ircano I, nel 125 a.C. aveva, per la prima volta, inserito questa tribù fra i propri sudditi.

Peggio: sua madre è araba e lui è cresciuto nella cultura ellenistica.

Quindi, se anche giuridicamente è un ebreo, gli israeliti lo considerano in tutto e per tutto un invasore straniero assoggettato a Roma.

E proprio Roma è all'origine della fortuna di Erode: suo padre Antipatro aveva ricevuto la cittadinanza romana per avere aiutato Cesare nella sua fuga da Alessandria ed era stato nominato prima etnarca e, poi, giudice supremo dei Giudei, sotto gli Asmonei.

Da Roma Erode, con Antonio, conquista Gerusalemme nel 37 a.C. e sposa Mariamne, figlia del deposto Ircano II, per assestare il quadro politico. Già che c'è, fa uccidere il nonno di Mariamne, successore al trono, così, per sicurezza.

Ottaviano lo conferma re della Giudea ed egli inizia, nel 22 a.C., a costruire la città di Cesarea Marittima, inaugurata solennemente dieci anni più tardi, edifica diversi palazzi in giro per il regno (tra cui la fortezza Antonia, l'Herodium, Masada) e principia la sua opera monumentale: il restauro del secondo tempio e l'ampliamento del monte su cui sorge.

Per restaurare il secondo tempio, quello costruito dai reduci di Babilonia, impiega solo un anno e mezzo, ma per completarne l'opera d'ampliamento, ci vorranno ben 83 anni di lavori, a lui e ai suoi successori, arrivando a impiegare fino a 18.000 operai! (Una delle meraviglie del mondo antico, finito nel 62; dieci anni più tardi sarà bruciato dal generale Tito, *sic transit gloria mundi*!).

È dal 586 a.C. che Gerusalemme è senza un vero tempio.

In quella data Nabucodònosor, re dei Babilonesi, fa bruciare la città.

Al ritorno del popolo dall'esilio, poco dopo il 538 a.C. viene ricostruito un piccolo tempio, il secondo, ma nulla a che vedere con la magnificenza di quello di Salomone.

Erode osa, gioca tutte le sue carte e investe soldi ed energie per costruire un tempio, di fatto, più grande di quello di Salomone. Compie un'impresa da paura, una vera follia architettonica ed economica.

Ma neppure questo lo aiuterà ad essere amato.

Sarà sempre e solo temuto, e mai accettato come re dei Giudei, successore di Davide.

Matteo, sagacemente, scrive che è il *re di Giudea*, non il *re dei giudei.*
Possiede una terra, non l'amore di chi la abita.

Bel tipo

Le dicerie sulla determinazione e la violenza di Erode trovano conferma nei fatti: durante la sua reggenza, fa uccidere la sua amata moglie Mariamne, i due figliastri Alessandro e Aristobulo e il figlio maggiore, Erode Antìpatro, sospettando che tramino alle sue spalle; chiunque, insomma, possa anche solo lontanamente ostacolare la sua permanenza sul trono di Israele è brutalmente sacrificato.

La ferocia di Erode, secondo una testimonianza molto antica, si può cogliere da una battuta dell'imperatore Augusto che, appresa la notizia dell'uccisione dei suoi figli, commentò:
«È meglio essere il maiale (*hys*) di Erode che suo figlio (*huios*)!», sapendo che gli ebrei non mangiano carni suine!

Avete inquadrato il tipo?
Bene. Questo signore, a pochi anni dalla sua morte (morirà il 4 a.C., quindi Gesù è nato fra il 6 e il 7 a.C. Fa ridere ma è così: colpa dello sbaglio di calcolo di Dionigi il Piccolo che, nel 533 d.C., stabilisce la data della nascita di Gesù a spanne), vede arrivare nel proprio palazzo dei ricchi astrologi persiani o arabi che gli chiedono: «Dov'è il nuovo re che è nato?».

Cosa?
Ma quale re?
Ma che, scherziamo?
Erode ha fatto fuori tutti i pretendenti al trono, cos'è questa storia?

Sono io il re!

Ascoltiamo il racconto di Matteo:

> *Dopo che Gesù nacque a Betlemme in Giudea, al tempo del re Erode, ecco giungere a Gerusalemme dall'oriente dei Magi, i quali domandavano: «Dov'è il neonato re dei Giudei? Poiché abbiamo visto la sua stella in oriente e siamo venuti ad adorarlo».*
> *All'udir ciò il re Erode fu preso da spavento e con lui tutta Gerusalemme.*
>
> (Matteo 2,1-3)

A questo punto Erode ha un'illuminazione: vuoi vedere che tutte le boiate che ho dovuto sorbirmi di sabato al tempio, sono vere? E che questo fantomatico Messia che tutti aspettano si è deciso ad arrivare?
Ma, *mò*, proprio adesso *addavenì*?

Erode è spaventato, confuso, turbato.
È un abile politico, spietato, ha sacrificato gli affetti alla sua bramosia di potere e al suo delirio di onnipotenza.
Ora, tutto ciò è messo in crisi da un'idiota profezia che proviene dal passato.
Si informa.

Erode chiamò segretamente i Magi e chiese ad essi informazioni sul tempo esatto dell'apparizione della stella; quindi li inviò a Betlemme, dicendo: «Andate e fate accurate ricerche del bambino; qualora lo troviate, fatemelo sapere, in modo che anch'io possa andare ad adorarlo» (Matteo 2,7-8).

Adorarlo? Sì, buonasera!
Erode lo vuole ammazzare, non scherziamo. Adorarlo?
(A volte la politica – quella di una volta, non la nostra – si avvicina alla fede solo se ne trae vantaggio, o se la teme. Esprime grandi propositi, rispetto assoluto per la religione, libertà di culto. Finché ne ha un tornaconto)

Erode pensa che il Messia sia la sua rovina, la sua catastrofe, la sua fine. Un vero delirio.

Dio è un concorrente

Il primo modo per rifiutare il Natale, per non accogliere la luce, è fare come Erode.
Erode considera Dio un avversario, un nemico, un ostacolo insuperabile.
Egli pensa nel suo cuore: «Se Dio esiste, io sono fregato! Se c'è davvero, io non posso esprimere le mie potenzialità, le mie capacità».

Ne conosco tanta, di gente così!
Conosco dei manager rampanti, dei giovani incoscienti e senza freno, degli adulti senza scrupoli, che pensano che Dio abbia a che fare con la morale, l'etica, l'onestà e che, perciò, sia lì a giudicarli. Meglio farne a meno.

Hanno idea che Dio sia un severo giudice che proibisce proprio le cose più interessanti, che obbliga l'uomo alla mortificazione e all'umiltà, che castra le aspirazioni.

Hanno fatto propria l'intuizione tragica di Nietzsche: perché l'uomo possa diventare un superuomo, bisogna eliminare Dio.

Pensano che Dio ci costringe a diventare mezzi uomini e mezze donne, a limitarci, a scendere dal trono, ad abbassare il capo in ossequio alla sua maestà divina!

(Ci sono dei cristiani che fanno di tutto per confermare questo pregiudizio, vivendo da mezzi uomini e da mezze donne, da animali da sacrestia, ma questo è un altro discorso).

Ma, senza sfociare negli eccessi erodiani, vedo questo latente atteggiamento anche in molti (sedicenti) bravi cristiani che, in fondo, credono in Dio per paura di lui, per non correre dei rischi (e se esistesse davvero?). Persone che vorrebbero fare ogni sconcezza e porcheria, vivere ogni eccesso e sregolatezza, ma non lo fanno per paura di una severa punizione (se non qui, nell'aldilà). Rinunciano con malinconia a quella che immaginano essere una vita splendida, senza regole, con la possibilità di fare tutto ciò che si vuole e chiamano "virtù" questa rinuncia.

Tra sé e sé pensano: «Non pecchiamo, perché siamo dei bravi ragazzi, ma come vorremmo farlo!».

Dio, in fondo, è geloso della nostra libertà, deve manifestare il suo dominio, e allora ci tiene al guinzaglio come tanti cani (bastardi)!

La venuta di Dio, in questa prospettiva, è una disgrazia.

La peggiore.

Se Dio c'è, ci ruba il trono su cui la vita (o il mio *io* imperiale) ci ha posto: piccole conquiste lavorative, ruoli sociali o ecclesiali (sì, ho scritto *ecclesiali*, le più intoccabili delle conquiste sono proprio quelle all'interno della Chiesa), scatti di carriera...

In parte è vero: a volte Dio ribalta i potenti dai (falsi) troni.

Solo che Dio ci tira giù dai troni delle nostre ambizioni malsane e dei nostri egoismi irranciditi, vivendo, lui per primo, una silente ed umile regalità.

Che ci giudica.

Povero Erode! E poveri noi, quando pensiamo queste cose di Dio!

Nessuno vorrebbe il trono di Gesù, la croce!

Nessuno farebbe come il Maestro che, invece di cercare gli applausi della folla, si mette a lavare i piedi ai discepoli!

Nessuno amerebbe fino a morirne chi lo odia!

Dio non è, né mai sarà, un concorrente dell'uomo.

Dio è a servizio della nostra felicità: questo dice l'inatteso messaggio del vangelo.

Gesù ci svela il volto di un Dio che coopera con l'uomo, che lo aiuta a crescere, a scoprirsi autentico, a donarsi. La logica di Dio non riguarda i re o i potenti, ma la verità di sé, che porta a ridiscutere nel profondo il nostro (spesso) malsano bisogno di protagonismo.

Erode potrebbe fare il re in maniera diversa.

Sarebbe amato dal popolo, non temuto, se solo si ricordasse di Davide, suo predecessore sul trono, e lo imitasse.

Ma non lo fa.

E, malgrado tutti i suoi sforzi per scolpire il suo nome fra i grandi della Storia, oggi è ricordato solo per avere tentato di uccidere Gesù, facendo morire dei bambini innocenti, come spesso accade ancora oggi al potere cieco e sordo.

Se davvero pensate che Gesù sia un ostacolo alla vostra realizzazione, fatemi un favore: evitate di celebrare il Natale.

I PROFESSIONISTI DEL SACRO E L'ABITUDINE

Dovete fare lo sforzo di immaginarvi Gerusalemme al tempo di Erode.

Il re idumeo, odiato e feroce, è un grande politico ed è riuscito a rimettere in sesto il secondo tempio a tempo di record, e a iniziare un'opera di ampliamento notevole, rivitalizzando la città santa e rendendola nuovamente il cuore religioso, economico e commerciale di tutta Israele.

Gerusalemme sorge in mezzo alle colline, ha scarse risorse idriche e ancora meno terreni coltivabili: se il re Davide l'ha scelta come capitale del suo Regno è solo per la sua posizione strategica. La ricostruzione del tempio ha perciò dato un nuovo, possente impulso alle attività collegate al culto.

Che si tratti delle classi sacerdotali, o degli scribi, o dei cambiavalute, o dei mercanti di bestiame, o degli affittacamere, o degli artigiani del legno e dell'oro, o degli scalpellini, tutta la città ruota intorno all'obbligo, per ogni pio israelita, di salire al tempio di Gerusalemme tre volte all'anno per offrire un olocausto.

Immaginatevi, con un po' di fantasia, una cittadina come Lourdes o san Giovanni Rotondo in piccolo, per capirsi.

E, in questa nuova vitalità, i sacerdoti hanno un ruolo fondamentale.

Non si diventa sacerdoti del tempio per vocazione, ma per nascita: se si appartiene alla tribù di Levi, si entra di diritto nella classe sacerdotale. Al tempo di Gesù, solo per farvi un'idea, era in funzione nel tempio, a turni, un esercito di 7200 sacerdoti e di 9600 leviti (ordini minori) per celebrare il culto.

Erode, senza volerlo, aveva, di fatto, rafforzato la teocrazia in Israele e la nuova classe sacerdotale (come non ricordare il potentissimo Anna e il suo successore e genero Giuseppe Caifa?) aveva un ruolo fondamentale. Abilissimi nel non contrastare l'odiato e temuto invasore romano e il re idumeo, i sacerdoti del tempio riuscivano ad avere una grande influenza sul popolo.

Era una situazione che in parte assomiglia alla difficile integrazione in Europa dei fratelli musulmani che provengono da paesi in cui vige la *Sharja*: in teoria seguono le leggi del paese che li ospita, ma nella vita quotidiana, in famiglia, si seguono i dettami del Corano.

Così accade a Gerusalemme al tempo di Erode: la legge romana era tollerata, ma il popolo seguiva tendenzialmente ciò che diceva la classe sacerdotale.

Il sommo sacerdote e i sacerdoti del tempio, finalmente, hanno recuperato un'importanza e una visibilità come non si vedeva dai tempi di re Salomone.

Va tutto bene, insomma, nonostante l'invasore romano, la libertà di culto è garantita e il Sinedrio ha addirittura ottenuto di avere una piccola guardia privata all'interno dell'area sacra, impedendone l'accesso ai soldati Romani (che non sempre rispetteranno questo privilegio, a dirla tutta). L'equilibrio è precario, ma stabile.

Speriamo che non intervenga nulla di destabilizzante.

E invece.

Quando siamo troppo ancorati alle nostre posizioni, alle nostre certezze, ai risultati acquisiti, anche spirituali, anche nella Chiesa, c'è bisogno che qualcuno ci ricordi che tutto è temporaneo, che passa lo scenario di questo mondo (cfr. 1Corinzi 7,31).

Il grande Dostojewski, nel suo *I fratelli Karamazov*, immagina, ne *La leggenda del grande inquisitore*, il ritorno di Cristo nella Spagna del Cinquecento. Un inquisitore lo interroga e lo accusa di essere venuto a disturbare l'ordine costituito dalla Chiesa, lo accusa di avere donato all'uomo il dono insostenibile della libertà, dono che la Chiesa gestisce con sollievo per tutti, e lo condanna al rogo...

(Ogni volta che celebriamo l'eucarestia proclamiamo a gran voce: «Annunciamo la tua morte, la tua resurrezione, nell'attesa della tua venuta!». Immaginatevi se, ascoltando la nostra straziante supplica, Gesù venisse nella gloria prima della fine della messa: che scombussolamento!)

Terremoti

E accade.
È sempre Matteo (ebreo rispettoso dei sacerdoti!) a ricordarcelo.

> *(Erode) convocò allora tutti i capi dei sacerdoti e gli scribi del popolo e domandò loro: «Dove dovrà nascere il Messia?». Essi gli dissero: «A Betlemme di Giudea. Infatti così è stato scritto per mezzo del profeta:*
> *E tu Betlemme, terra di Giuda,*

non sei la più piccola
fra i capoluoghi di Giuda.
Da te uscirà un capo
che pascerà il mio popolo, Israele» (Matteo 2,4-6).

Erode non ne sa molto di religione, ovvio.

Firma l'8x1000 per il tempio, forse vi entra in pellegrinaggio due volte all'anno, recita le preghiere della sera... è un buon credente della domenica (pardon, dello *shabbat*), come molti.

Poi ammazza i figli, ma quella è strategia politica, non religione.

Il catechismo? Vecchi ricordi!

Allora chiama i capi dei sacerdoti (il ruolo più alto nelle cinque cariche principali) e gli scribi, i conoscitori e gli studiosi della Scrittura.

Ha appena saputo da questi strani personaggi, i Magi, che è nato un re.

Dopo un primo, comprensibile momento di sgomento, si ricorda delle profezie concernenti la venuta di un Messia, un nuovo re Davide che ridarà splendore a Israele.

Si tratta, ora, di sapere dove nascerà questo benedetto rompiscatole.

E chiede ai teologi.

Un applauso

Teologi preparatissimi, per la verità.

Si ricordano di Michea (5,1), uno sconosciuto profeta minore vissuto al Nord nel VI secolo e che ha profetizzato su Betlemme.

In effetti, Betlemme è una città importante: da lì veniva Iesse, il padre di Davide, il più grande e famoso re di Israele.

Il nuovo re Davide sarebbe dovuto nascere proprio a Betlemme.

Il ragionamento non fa una grinza, la conoscenza della Scrittura si è rivelata decisamente efficace.

Ora, Erode e i sacerdoti sanno che (forse) è arrivato il Messia, ed è nato a dieci chilometri da Gerusalemme, sulle colline dove sorge la cittadina di Betlemme.

E non si muovono.

Non escono dal recinto del tempio, non si incuriosiscono, non vanno a vedere, non indagano, non interessa loro cosa, davvero, stia succedendo. Sono così felici della riconquistata notorietà da non credere neppure loro stessi nelle cose che dicono...

La venuta del Messia?

Speriamo! Ma non oggi.

La conversione?

Volentieri! Appena avrò finito di fare le mie cose.

La Signoria di Dio?

Certo! Purché sia consona ai miei impegni.

Quanti ne conosco, di cristiani così!

Esperti del divino, professionisti del sacro, bazzicano chiese e parrocchie da sempre, si sono fatti tutti i corsi e i ritiri possibili e immaginabili, ascoltano solo radio cattoliche, e sono pieni di buoni sentimenti.

Ma sono imbalsamati, immobili, fermi, statici, paralizzati.

Sanno la fede, la conoscono, fanno di tutto per restare saldi nelle verità che sono state loro insegnate.

Bene, d'accordo, in questo mondo così fragile qualche certezza ci vuole.

Ma non sanno uscire, non vogliono confrontarsi, hanno paura del cambiamento.

Non seguono colui che non ha dove posare il capo, che non ha un nido o un rifugio (Lc 9,57-62), che è sempre in cammino verso la Gerusalemme interiore (Lc 9,51).

Seguire il Nazareno è una questione di allenamento e di fiato.

Non sta mai fermo, è sempre in cammino e ci invita a fare lo stesso.

Buffo: molti pensano alla fede cristiana come a un blocco di marmo che faticosamente si trascina lungo i secoli. La Chiesa è sempre in ritardo, sempre indietro, conservatrice, reazionaria, stanca, immobile.

E, invece, i seguaci del Nazareno radunati dal vangelo sono (dovrebbero) sempre a correre dietro al Signore, non stanno mai fermi, si affannano a seguire le intuizioni dello Spirito che li precede e li accompagna nell'annuncio.

Il rischio dell'immobilismo, però, esiste.

Chi sta chiuso nel tempio, non incontra Dio.

Lo incontrano i cercatori inquieti come i Magi.

Tradizione e tradizioni

Non sono per il cambiamento fine a se stesso, sia chiaro.

Penso che di novità, nel mondo, ce ne siano a sufficienza, che le emozioni da consumare stiano uccidendo più di una vita, che le cose *fast* stiano rovinando il mondo.

Pensate al mondo del lavoro, ad esempio. Prima di mettermi a digitare, in questa gelida mattinata di dicembre, mi sono connesso alla rete per vedere il sito di un amico in

Francia, poi ho scaricato la posta e ho avuto notizie di Roberto, che è in Perù, e di Angelo, che studia in Nuova Zelanda. In pochi secondi posso inviare la bozza del mio libro al mio editore a Milano che lo fa correggere a Roma e stampare ad Alba. Sono tutte operazioni che, fino a quindici anni fa, avrebbero chiesto almeno una settimana di posta e di corriere.

Quindi, abbiamo molto più tempo a disposizione, giusto?

E, invece, il tempo manca sempre.

Sono d'accordo con l'elogio della lentezza, allora.

E che la Chiesa diffidi delle novità, non mi dispiace affatto.

È troppo prezioso il vangelo perché non ci venga il dubbio di adattarlo alla moda.

Facciamo un passo alla volta, con i piedi ben piantati in terra, ma lo sguardo resti spalancato.

Il Signore ci affida l'immenso tesoro della Parola: dobbiamo fare l'impossibile per mantenerlo intatto, per non stravolgerlo.

(Povero Papa! Che fatica dev'essere distinguere la volontà di Dio in mezzo al maremoto di informazioni che riceve!)

È bene che la Chiesa assolva il comando del Signore di custodire la fede.

Ma, fra custodirla e congelarla, ce ne vuole!

Bisogna saper distinguere l'essenziale dal conseguente, il vangelo dalle abitudini, la Tradizione dalle tradizioni.

Quante volte si sente dire, in una parrocchia: si è sempre fatto così!

Non è vero, e lo sappiamo bene! A volte si difendono delle (belle) abitudini: i canti, lo stile celebrativo, l'organizzazione della pastorale...

Bene! L'importante è che ci ricordiamo che sono solo delle abitudini, non il vangelo.

Il modo di vivere l'austerità e la povertà di un santo fondatore va declinato nel nostro tempo.

Il modo di organizzare la pastorale parrocchiale in un mondo in cui il concetto di appartenenza è trasversale, non legato al territorio, va cambiato!

Il linguaggio per dire Gesù ieri, oggi e sempre, va continuamente inventato!

Statuine

Il paradosso dei sacerdoti del tempio e degli scribi è che sanno a memoria la Scrittura, ma non la vivono: non esce in alcun modo dalle loro pagine di pergamena, non entra nella vita, non la nutre, non la converte, non la cambia.

L'immobilismo ci paralizza, la mancanza di novità ci chiude nel nostro piccolo mondo, il rischio di diventare autoreferenziali è sempre presente!

Quando mi confronto con qualche amico teologo (bravo e ortodosso) gli chiedo e mi chiedo se le nostre disquisizioni liturgiche o teologiche non passino a una spanna al di sopra della testa della gente...

Quando assistiamo alla messa, non ci capita forse, ascoltando le lunghe e noiose elucubrazioni del prete, di pensare: «Ma questo sant'uomo dove vive?».

I sacerdoti del tempio non incontrano Dio perché pensano di possederlo, di saperne abbastanza, di conoscerlo a sufficienza.

La novità dell'incarnazione consiste proprio in questo: Dio non è più chiuso nel tempio, abita nella città, viene al lavoro con te, è sudaticcio e stanco in metropolitana quando torna a casa la sera, si fa compagno, vicino.
E la meditazione delle Scritture serve proprio solo ad uscire dal tempio e a raggiungere la stalla.

Nelle stalle troviamo l'autenticità di Dio.
In tutti i luoghi sporchi, impoveriti, senza speranza, nelle discariche del mondo, abita Dio.
Nei grandi condomini di periferia, nei luoghi dove si lavora senza dignità, nei bassifondi degradati dei centri storici, abita Dio.

La Scrittura,
se non diventa spinta ad uscire,
a cambiare,
a crescere,
a convertirsi,
marcisce.

I sacerdoti del tempio commettono il secondo, clamoroso, errore del nostro racconto: sono talmente pieni delle loro acquisite certezze religiose da non mettersi in discussione, non colgono i segni, non si mettono in cerca.
(Mi spaventa molto questo, mi scuote, mi provoca. Proprio io, che passo il tempo a spezzare il pane della Parola, rischio di non uscire, di non camminare, di non muovermi dal mio piccolo mondo, dai miei riferimenti, dalla mia pelle… Signore, abbi pietà di me!)

Se pensate di saperne a sufficienza di Dio, se pensate che non valga la pena di uscire dal tempio visto che Dio vi si è stabilito, se avete la verità in tasca, sempre, e i dubbi di fede non vi appartengono, fatemi un favore: evitate di celebrare il Natale.

L'IMPERATORE

Cesare Augusto, imperatore di Roma.

Luca lo cita a proposito del censimento.

Ha fatto scorrere fiumi di inchiostro, il famoso censimento, perché, pur essendo Luca preciso nell'inquadramento storico, non si riesce proprio a rintracciare un censimento dell'impero in quel periodo.

Secondo Luca, Maria e Giuseppe sono di Nazareth e, a causa del censimento, scendono a Betlemme.

Secondo Matteo, sono di Betlemme, e, dopo la fuga in Egitto, tornano in Israele ma, per prudenza, scelgono Nazareth.

Una delle due informazioni è, evidentemente, sbagliata.

Lascio leggere, ai più curiosi tra voi, le proposte di soluzione di Ravasi e di Brown, che cito in fondo a questo libercolo. È una specie di mistero storico degno del programma *Voyager*...

A quelli tra noi che sono meno curiosi basti sapere che, probabilmente, il censimento c'è stato, ma era locale, limitato a Israele, e imposto da Roma per ribadire il controllo della situazione.

A questo serviva il censimento: a far vedere chi comanda. E a chi bisogna pagare le tasse.

Il fatto di doversi mettere in viaggio per raggiungere la

propria città di origine (si trattava, infatti, di un censimento fatto per tribù), fare la fila davanti a dei funzionari imperiali, controllati da una decina di legionari sotto le insegne dell'aquila di Roma, ricordava bene a tutti chi comandava in Israele.

Il censimento era una manifestazione del potere imperiale, insomma, nei confronti degli ebrei e del loro re, che era bene si ricordassero, periodicamente, di chi fossero sudditi.

L'aquila dell'impero richiamava l'imperatore, che sedeva lontano, su uno scranno.

Imperatore in onore del quale, il fedelissimo Erode aveva addirittura costruito una grandiosa città sul Mediterraneo, dotata di porto e di anfiteatro, Cesarea, in onore di Cesare.

Probabilmente Cesare Augusto neppure sapeva di quel censimento, ma i suoi delegati sì.

Tutto era sotto controllo: la *pax romana* regnava su tutte le province, anche su quelle più riottose.

Augusto, da Roma, si godeva la meritata conquista.

Gaius Iulius Caesar Octavianus Augustus

Successore di Giulio Cesare, Augusto regna dal 30 a.C. fino al 10 d.C.; il suo regno segna un momento di svolta nella storia di Roma e il definitivo passaggio dal periodo repubblicano al principato. La rivoluzione dal vecchio al nuovo sistema politico contrassegna anche la sfera economica, militare, amministrativa, giuridica e culturale dell'impero.

Augusto, durante il suo Regno, compie una serie di azioni che rafforzano il dominio di Roma sul mondo occidentale.

Roma splende nel mondo grazie alla sua lungimirante riorganizzazione del sistema amministrativo provinciale, che vede la creazione di numerose colonie e municipi che romanizzano l'intero bacino del Mediterraneo. Meglio: l'imperatore riorganizza l'esercito, con l'introduzione di milizie specializzate nella difesa dell'Urbe, tra cui i famosi pretoriani, e formando nuove flotte di navi, riforma il sistema di difesa dei confini imperiali, fa di Roma una città monumentale costruendo nuovi edifici, favorisce la rinascita economica costruendo porti, strade, ponti e portando all'erario romano immense ricchezze grazie alle sue nuove, audaci conquiste (tra cui il tesoro tolemaico, il grano egiziano, le miniere d'oro dei Cantarbi, quelle d'argento dell'Illirico)...

Insomma: Augusto era proprio un bel tipo.

Me lo immagino mentre, dalle sue lussuose stanze imperiali, volge distrattamente lo sguardo sulla splendida Roma, sorseggiando un calice di vino, e intanto qualche consigliere o generale gli spiega la situazione di una lontana provincia ai confini.

Augusto sa di essere l'uomo più potente della più potente nazione del mondo e si inebria di potere.

Proprio in quel momento, in un buco di paese a migliaia di chilometri dal centro del mondo, sta nascendo Dio.

Suddito di Augusto.

Poteri

Augusto non sa che, fra i suoi sudditi, c'è il figlio di una giovane coppia della Galilea, tale Jeoshua bar Joseph, regolarmente registrato come futuro contribuente per la gloria dell'impero.

Non sa che Dio nasce fra i suoi possedimenti, non se ne accorge, come potrebbe?

Non può accorgersene, è troppo occupato a tenere in piedi l'immenso impero che ha contribuito a rendere straordinario.

E che, come tutti gli imperi, crollerà nel giro di qualche secolo.

Buffo: Augusto è ricordato solo da qualche studente, o qualche specialista, o lo abbiamo visto nominato in un documentario di *History Channel*, o abbiamo letto di lui su *Wikipedia*.

Nel suo nome nessuno si raduna, ogni settimana, da duemila anni.

Nel suo nome non ci sono migliaia di uomini e donne che si fanno accanto ai poveri e ai miseri del mondo.

Nel suo nome nessuno si è lasciato uccidere passivamente, senza difendersi.

Il suo nome suscita ammirazione e stupore.

Ma nessuna tenerezza.

Nessun fremito.

Nessuna gioia.

Come, invece, suscita il nome di Gesù.

Così è il potere, ogni potere: troppo concentrato a sopravvivere a se stesso, a combattere contro chi lo vuole sostituire, per accorgersi delle persone, delle vicende, delle situazioni.

Il potere, abituato a ragionare per massimi sistemi, per categorie, per casi, scorda che un popolo è fatto di singole persone, di vite, di desideri, di speranze, di gioie.

Sarà Gesù, per primo, a ricordarci che il potere è posto al servizio della felicità altrui.

Cesare si scorda di Dio.

Lo usa per raggiungere i propri obiettivi, i propri scopi, nulla di più.

Augusto e Gesù non si incontreranno mai, un abisso li separa.

Amici che avete delle responsabilità politiche o amministrative.

Amici che avete l'onore e l'onere di dirigere una società, di muovere capitali, di gestire scelte per il futuro.

State attenti a non mettere Dio fra i vostri sudditi.

E voi, fratelli che nella Chiesa avete ricevuto l'immenso fardello dell'annuncio, o dell'episcopato o avete consacrato la vostra vita all'educazione dei ragazzi o dei giovani, ricordatevi sempre che Gesù ci ha insegnato come usare il potere a servizio del bene degli altri.

Se Natale vi vede impegnati a conservare i vostri privilegi, a tenere tutto sotto controllo, a influire sui destini del mondo, se pensate che Dio, in fondo in fondo, lo sapete gestire bene, se pensate che la dimensione spirituale sia un capitolo sotto controllo, nella vostra vita, state attenti.

Dio nasce dove e quando non sapete.

Continua a nevicare.

Nei giorni scorsi parecchie delle vallate laterali sono rimaste letteralmente sepolte dalla neve.

Leggo su internet il bollettino valanghe della Regione Valle d'Aosta e mi raggelo!

Neve accumulata a duemila metri nelle ultime 48 ore: Champorcher, due metri e ottanta; Cogne, un metro e ottanta; Rhêmes, un metro e ottanta... Valanghe cadute sul territorio regionale nell'ultima settimana: trecento e qualche, di cui oltre sessanta mai recensite...

Ho fatto un giro di telefonate per avere notizie degli amici: tutto tranquillo.

La gente di montagna è piuttosto abituata a questo genere di eventi, nessuno si spaventa troppo.

...

Finalmente è tornato il sole a dare un po' di tregua: gli elicotteri fanno spola da Aosta per portare beni di prima necessità nei comuni ancora inaccessibili e per vedere dall'alto se si riescono ad aprire le strade laterali senza mettere in pericolo i conducenti dei mezzi.

Decido di salire a Cogne, aperta da due giorni, per farmi un giro, per prendere una boccata d'aria. Lavorare molto al computer ha dei grandi vantaggi, ma ogni tanto la testa scoppia e ho proprio bisogno di immergermi per qualche ora nella natura.

Il panorama è, semplicemente, indescrivibile.

Pensavo di avere visto di tutto nei miei quarant'anni di vita, ma devo dire di essermi stupito. I mezzi stanno ancora spostando mucchi di neve, caricandoli su grossi camion che li versano nei torrenti. Riesco a salire con la macchina a Valnontey, un assoluto paradiso.

Non c'è nessuna macchina nel piazzale, solo qualche residente. Non è giornata da sci di fondo, oggi.

Incrocio un guardaparco che binocola, scambiamo due battute: anche lui si dice sorpreso dalla quantità di neve caduta.

Mi sono portato dietro un vangelo, rileggo con calma le pagine di Luca e Matteo per cogliere qualche sfumatura, qualche parola che mi spalanchi l'anima, che mi ispiri, che mi prepari a celebrare il prossimo Natale.

Seduto su una sedia nel dehors dell'unico bar aperto, mi accorgo di un solitario camoscio che sta cercando di scendere dal crinale nord verso il fiume.

La neve è talmente alta che sprofonda fino al ventre.

Si guarda attorno, stranito e affamato.

Poi, dopo qualche attimo di esitazione, spicca un faticosissimo balzo in avanti e avanza di un metro.

Si ferma a prendere fiato e riparte.

Lo guardo lungamente, affascinato dalla sua costanza, addolorato perché so che, quest'anno, ci sarà una strage di animali a causa dell'inverno più rigido degli ultimi trent'anni.

Non molla, insiste.

Cinque minuti. Poi dieci. Poi venti. Avrà percorso forse cinquanta metri, ma non molla.

La sua costanza mi ispira. Lo ringrazio e invoco il suo camoscio custode (Ci sarà? Spero di sì: se lo merita proprio!), spero che si salvi.

Ecco: a volte mi sento come questo camoscio, arranco e fatico per superare la neve in cui sprofondo.

Lo faccio anch'io per cercare un po' di nutrimento interiore, un luogo più tiepido, per superare l'inverno.

Perché ogni inverno ha fine.

Brava gente

La lista di quelli che non accolgono il Natale dovrebbe essere finita.

Erode il malvagio, i sacerdoti del tempio incartapecoriti, l'imperatore...

Quand'ero più giovane, molti anni fa, lo scorso millennio, per intenderci, finivo qui.

Poi sono cresciuto, ho fatto molte esperienze, ho anche misurato molti limiti e inciampato in molte insidie.

E ho scoperto una cosa per me banale, oggi, ma che quando si è più giovani sfugge: la stragrande maggioranza delle persone non è particolarmente malvagia.

Né particolarmente virtuosa.

Il mondo non ha molte menti eccelse, sia in positivo che in negativo.

Non ci sono molte tinte forti, ma parecchie zone grigie, fra luce e tenebra.

Non ho incontrato grandi santi.

Ma nemmeno grandi peccatori.

Riusciamo a essere mediocri anche in questo.

E, così, leggendo e rileggendo, mi sono accorto di una piccolissima annotazione presente in Matteo.

All'udir ciò il re Erode fu preso da spavento e con lui tutta Gerusalemme (Matteo 2,3).

Ma come? Che c'entra Gerusalemme? Capisco Erode, lo abbiamo visto sopra, ma gli abitanti di Gerusalemme, perché mai si dovrebbero spaventare?

La gente di Gerusalemme è abituata ai cortei e alle visite di personaggi curiosi.

Quando il re Erode portò a compimento la costruzione di Cesarea Marittima, nel 10 a.C., giunsero in Palestina molti delegati di nazioni, portando molti doni. E quando la regina Elena di Abiadene, nel 44 d.C., si convertì al giudaismo, salì a Gersalemme con un corteo per venire in soccorso agli abitanti della città colpiti da carestia.

Anzi, gli abitanti della grande capitale, finalmente tornata agli splendori della prima monarchia, guardano da *parvenus* ai sovrani stranieri che vengono da Erode.

Ma questi tali portano una notizia sconcertante: è nato un nuovo re.

Come fanno a saperlo? E di che re parlano?

La gente di Gerusalemme si spaventa perché il Messia potrebbe guastare il precario equilibrio che si è appena venuto a creare. Non hanno voglia di novità: le cose, ora, funzionano abbastanza.

Sì, ci sono gli incontentabili, gli estremisti di tutti i tempi: i mistici esseni sul mar Morto, gli zeloti che vogliono scacciare i Romani... ma, tutto sommato, le cose non vanno poi così male.

I sadducei, l'aristocrazia conservatrice, riescono a mantenere rapporti decenti con i Romani; i sacerdoti, lo abbiamo visto, guidano la formidabile macchina del sacro che è il tempio; se qualcuno proprio vuole fare il mistico, c'è la nuova corrente degli zelanti, i farisei, che propongono un cammino di fede, impegnativo e totalizzante.

Insomma, ce n'è per tutti, un Messia proprio non serve, non ora, non qui.

La gente non vuole scocciature, non ama le novità, non desidera cambiare le proprie convinzioni.

La mediocrità e la tiepidezza si manifestano anche così: nel non voler cambiare, nel restare immobili in una calma piatta che, se non spinge verso lidi lontani, neppure fa correre il rischio di affrontare l'ignoto.

Poche novità, pochi sussulti, specialmente nell'ambito della fede.

I cambiamenti sono pericolosi, meglio lasciarli perdere, meglio vivere come si è sempre fatto.

Ma la Parola è severa, riguardo a questo atteggiamento.

> *Così parla l'Amen, il Testimone fedele e verace, il Principio della creazione di Dio.*
> *Mi è nota la tua condotta: che cioè non sei né freddo né caldo; oh, se tu fossi freddo o caldo!*
> *Ma così, poiché tu sei tiepido, cioè né caldo né freddo, io sono sul punto di vomitarti dalla mia bocca* (Apocalisse 3,14-16).

Nessuna novità, per cortesia

Soprattutto, nessuna novità.

Ancora oggi è questa l'aria che si respira fra i bravi cristiani rimasti nelle parrocchie. Il prete è lì a garantire un servizio, costi quel che costi, a fare la messa, a battezzarmi i figli, a seppellirmi i morti, noi andiamo a messa quando richiesto: alcuni quasi ogni domenica, altri a Pasqua e Natale, cosa vuole di più?

Magari arriva il prete pieno di buoni propositi e di buone intenzioni, e sia.

E magari qualcuno si lascia anche coinvolgere: la nuova evangelizzazione, la pastorale alle famiglie, l'animazione dei giovani... Ma sono poche decine di persone, una percentuale minima, una piccola, combattiva avanguardia del Regno.

La stragrande maggioranza delle persone ha un'idea precisa di Dio, come gli è stato insegnato; non è il caso di scuoterli troppo dalle loro (poche) certezze, ci mancherebbe altro! Le novità, per molti, sono delle sconcertanti stranezze, delle mode, meglio non smuovere troppo le acque.

Crisi delle vocazioni? Preti in diminuzione? Va bene, ci diano un prete per due parrocchie, ma che nessuno osi cambiare l'orario delle messe!

Forse esagero, scusate. Vent'anni da prete mi hanno profondamente segnato.

Forse è inevitabile che sia così, forse bisogna leggere meglio il vangelo.

A noi è chiesto di seminare, di essere lievito e sale, non di forgiare gli eserciti di devoti, avete ragione.

Ma una cosa è certa: per molti, moltissimi, l'importante è non cambiare, nemmeno nella fede.

Spaventa, la novità, non mi ci ritrovo, annaspo, fatico.

Sempre brava gente

Ma oso allargare la riflessione.

E gli abitanti di Betlemme?

Per loro il censimento è una vera benedizione: sta arrivando un sacco di gente per farsi censire, e questo significa accogliere centinaia di persone, un vero affare.

Affittacamere, alberghi, *Bed & Breakfast*... è tutto un pullulare di richieste, di prezzi che salgono, di piccoli abusi edilizi per allargare l'accoglienza...

Viva il censimento! Meno male che arriva un po' di gente!

Ho vissuto per anni in luoghi di turismo, e so quanto è difficile e faticoso il mestiere dell'albergatore.

Il tempo viene stravolto: quando gli altri riposano, tu lavori, quando gli altri festeggiano, tu sgobbi.

E, alla lunga, questa cosa aliena, scoordina, scardina.

L'amato don Giuseppe, parroco di Courmayeur, che il Signore ha chiamato a sé recentemente, mentre era a Lourdes in pellegrinaggio, per la disperazione, propose, in parrocchia, di celebrare un doppio Natale. La vigilia del 24, per i turisti, e qualche giorno prima per la gente del paese, con tanto di presepe vivente e di liturgia della notte di Natale! E così si fece, con grande soddisfazione da parte di tutti.

Gli abitanti di Betlemme sono troppo impegnati per accorgersi di cosa succede.

Peggio: con molta probabilità, così lascia sottintendere Luca, non c'è posto per Maria e Giuseppe nelle loro case. (cfr. Luca 2,7).

Comprensibile.

Chi si assume la responsabilità di prendersi in casa una partoriente?

Per carità, va bene tutto, ma come si fa ad accogliere in casa una donna in quelle condizioni, e se poi succedesse qualcosa?

Vero, giusto, discorso che non fa una grinza, ragionamento pieno di buon senso.
E, grazie al buon senso, si respinge Dio.

Dio è sempre un po' folle, e bisogna sempre correre qualche rischio, quando si ha a che fare con lui, fidatevi.
Ci vuole sempre un briciolo d'incoscienza, per potere incontrare Dio.

Pensate a cosa sarebbe accaduto se il Samaritano si fosse messo a riflettere (cfr. Luca 10)!
Incontra un uomo malmenato e ferito. Chissà chi è? Magari è anche lui un delinquente, magari si tratta di un regolamento di conti fra bande, perché rischiare? E se ha l'AIDS? E se mi aggredisce?

Per credere bisogna osare.
Per credere bisogna accogliere.
Per credere bisogna rischiare.

La buona gente di Betlemme è troppo indaffarata per dare retta a quella coppia del Nord, troppo presa dai molteplici e sani affari per accorgersi della venuta di Dio.

Rabbini

E mi piacerebbe assai incontrare il rabbino di Betlemme.
Ora: malgrado tutte le mie ricerche e indagini, ad oggi non so se a Betlemme, a quell'epoca, sorgesse una sinago-

ga. Suppongo di sì, a naso, pensando, ad esempio, alla splendida sinagoga, in origine erodiana, che si trova a Cafarnao, e Betlemme, la città del re Davide, non era certo meno importante di Cafarnao!

E, se c'era una sinagoga, c'era un pio e devoto rabbino che ogni sera, prima di coricarsi, invocava la venuta del Messia.

Che stava nascendo a cinquecento metri da casa sua.

Temo il Signore che passa, diceva sant'Agostino.

E anch'io lo temo.

No, non ne ho paura, affatto.

Mi sono sentito talmente amato, in tutti questi anni, ho così lungamente goduto dell'inattesa bellezza di Dio, che proprio non riesco, anche sforzandomi, ad averne timore.

Ciò che temo, non è Dio, ma che la mia fragilità mi allontani da lui.

Temo di essere stordito, distratto, ripiegato su me stesso, confuso.

E di non accorgermi della sua presenza discreta, silenziosa, sottile.

È discreto, il Signore, non urla, non si impone. Ci dice l'Apocalisse:

Ecco: io sto alla porta e busso.
Se uno, udendo la mia voce, mi aprirà la porta,
io entrerò da lui
e cenerò con lui ed egli con me (Apocalisse 3,20).

Temo il Signore che passa.

Se siete di quelli travolti dalle cose da fare, se non avete proprio il tempo e la possibilità o la voglia di fermarvi a riflettere, se pensate che la fede che avete basta e avanza, state tranquilli: questo Natale sarà inutile come quelli precedenti.

MARIA LA BELLA

Da qualche giorno fatico più del solito.

La voglia di scrivere c'è, credetemi, ma è proprio il mio corpo segnato che non vuol saperne di reagire.

I miei occhi, come molti sanno, sono un po' birichini e, nonostante un doppio trapianto e altri interventi, la mia vista è appena sufficiente per restare autonomo e per lavorare al portatile.

Il problema è che questa vista sbilenca mi sta cambiando la postura, con conseguente mal di schiena e crisi di emicrania piuttosto invalidanti. L'osteopata mi ha dato un buon indirizzo: mi sono finalmente deciso a mettere dei plantari per cercare di arginare la situazione e tornare a dormire la notte.

Ginevra non è lontana da dove abito, è a due ore scarse di macchina, attraversando tre nazioni.

Benedico l'inventore dei navigatori satellitari: per me le cartine sono, da tempo, *off limits*, visto il minuscolo carattere tipografico che usano.

Faccio la visita dal podologo, una persona davvero interessante, mi dà delle buone speranze per alleviare il dolore. Gli occhi no, restano come sono, in attesa del prossimo trapianto.

Mentre aspetto qualche ora che mi prepari i plantari, passeggio per Ginevra.

Il freddo è pungente e l'umidità del lago penetra nelle ossa.

Eccola qui la capitale della Croce Rossa, la sede di molti organismi internazionali, la culla del protestantesimo svizzero. È un po' severa, come città, ma splendida.

Faccio un giro sulla passeggiata del lago, entro in una chiesa luterana, poi in una armoniosa chiesa cattolica piena di vetrate moderne. Sono stupito dalla quantità di piccoli ristoranti presenti in centro: cucina italiana, in prevalenza, ma anche giapponese, coreana, messicana, libanese... Se torno con calma e con qualche franco svizzero in più, mi prometto un pranzo etnico.

Ma, per ora, sto sul sicuro e mi infilo in una pâtisserie per riscaldarmi con un "caffè" e un *pain au chocolat* che mi resuscita (e allora ne prendo un altro, va'!).

Ci sono molti clienti ai tavolini: signore anziane che leggono riviste o che fanno cruciverba, alcuni giovani che leggono libri di scuola, un distinto signore (chiaramente svizzero!) con capelli e pizzetto freschi di taglio, elegantissimo nel suo cappotto di cammello.

Mi piace molto indugiare sulle persone, immaginare la loro vita, pensare a quante cose abbiano visto, provato, sognato, sofferto.

Eccola qui l'umanità redenta, eccola qui l'umanità che cerca un senso, una dimensione, una luce, una strada.

Fuori dal locale, un barbone è steso sui suoi cartoni, non chiede l'elemosina, solo approfitta del caldo che esce dalla pasticceria quando le persone aprono l'uscio.

Dalla vetrina vedo passare molti volti, europei, africani, asiatici.

Sorrido nel vedere una splendida ragazza (brasiliana?)

che ha preferito la moda alla praticità: non oso immaginare come debba sentirsi con quella gonna cortissima e le calze di nylon.

Bahia deve avere un altro clima, rispetto a Ginevra!

Eccola qui, l'umanità redenta.

Ora mi commuovo.

Sarà la bontà del dolce o la stanchezza di questi ultimi anni.

Socchiudo gli occhi.

Li riapro: seduta di fronte a me una ragazza si scalda con una cioccolata calda, i capelli ricci, il volto deciso, un maglione di lana a collo alto. Legge distrattamente il quotidiano.

Sì, Maria doveva essere come questa ragazza.

Imbarazzo

Fra quelli che accolgono il Natale c'è Maria.

È la prima, in assoluto. Prima nel tempo, prima come intensità e verità, prima per come è accaduto l'evento, perché è stata lei la porta d'ingresso per Dio nel mondo.

Prima, anche se non sapeva di esserlo.

Prima, anche se non le piacevano i complimenti, come non piacciono quasi mai alle persone umili e concrete.

Fatico a parlare di Maria, proprio per questa ragione.

Ho sempre pensato che parlare troppo di lei è un'offesa alla sua volontà di nascondimento, al suo indicare sempre e solo a noi, suoi servi, il figlio, ripetendoci, come fece a Cana: «Fate quello che vi dirà».

Per questo, e anche perché sono un orso di montagna, rifuggo le iperboli, quando si parla di Maria.

Intendiamoci, mi considero un cattolico normo-dotato e ho sempre amato e pregato la Madre di Dio.

È solo che sono allergico agli eccessi, specie se devozionali.

Perché ho paura che possano nascondere lontananza, corruzione, ipocrisia.

Esaltare troppo una persona significa, ahimè, aumentare il solco che ci divide da lei, inesorabilmente.

E il peggior torto che possiamo fare a Maria è quello di chiuderla in una nicchia, facendo diventare regina colei che è la serva del Signore.

Non sa che farsene di una corona d'oro, colei che ha visto suo figlio indossarne una di spine.

Torniamo al vangelo, allora.

E solo al vangelo, nudo e crudo, mettendo per un momento fra parentesi la gloria, il finale, la celebrazione, l'apoteosi.

Le notizie che ci sono date sono sufficienti per svelare la grandezza di Maria.

E l'opera che Dio ha compiuto in lei.

Prima

C'è un *prima* del Natale.

Un *prima* lungo secoli, un *prima* fatto di attese e di preghiere, di silenzi e di lacrime.

Un *prima* che è presente nel cuore di ogni ragazza di Israele.

Il messia sarebbe venuto, e ogni ragazza sognava di diventarne la madre.

Maria è di Nazareth, un microscopico paese del Nord, escluso dalle rotte commerciali, lontano dalla capitale, un posto che deteneva un curioso primato, quello di non essere mai citato nelle Scritture che, narrando fatti storici svoltisi nell'arco di più di mille anni e riguardanti, per la maggior parte, un territorio grande come la Calabria, di fatto elencava migliaia di toponimi di paesi, fonti, strade, colli.

Migliaia di nomi, eccetto quello di Nazareth.

Maria, a Nazareth, è promessa sposa, fidanzata.

All'epoca dei fatti, una ragazza, appena diventata donna, era maritata dai genitori che, normalmente, avevano stipulato un contratto di matrimonio sin dalla sua infanzia.

A noi, oggi, questa cosa appare strana e crudele, ed è vero che, molto spesso, la prima vittima di questo sistema, era proprio l'amore. Ma, si sa, l'amore è un lusso, a volte, ed era già un'ottima soluzione maritare la propria figlia con un ragazzo di buona famiglia, sano, onesto e lavoratore.

Maria e Giuseppe sono promessi sposi, ma nella fase immediatamente precedente il matrimonio vero e proprio, la fase del consenso, una fase di stipulazione legale del matrimonio che precedeva di un anno la convivenza dei coniugi.

Maria, perciò, ha fra i dodici e i quattordici anni, è appena diventata una donna.

Di Giuseppe non sappiamo molto, ma, secondo la consuetudine dell'epoca, per maritarsi deve avere un lavoro, un'autonomia. Lo immagino come un muscoloso ragazzetto di vent'anni.

Questa carenza di informazioni ha spinto alcuni autori, nei primi secoli della storia della Chiesa, a scrivere dei racconti che sviluppassero la storia di Maria e Giuseppe. Dai vangeli apocrifi apprendiamo che Maria era una bambina consacrata al tempio, e che, una volta divenuta donna, Giuseppe, vedovo e con altri figli, la prese in sposa e la portò con sé a Nazareth. Alcune di queste tradizioni apocrife sono finite nella devozione popolare, come il nome (presunto!) dei genitori di Maria: Gioacchino e Anna.

Ma, restando fedeli al dato biblico, dobbiamo fermarci ai fatti: Maria è un'adolescente promessa in sposa a un giovane falegname di Nazareth. Non sappiamo nulla di più.
A parte il fatto che la nostra Maria è davvero in gamba!

Possiamo allora rappresentare la vita di un'ebrea adolescente di duemila anni fa, impegnata ad accudire la casa, a preparare il pranzo, a raccogliere la legna per il focolare, a scendere al pozzo del villaggio per attingere acqua (è al pozzo che Maria incontra l'arcangelo, secondo uno dei racconti apocrifi accolto dalla spiritualità ortodossa)...
Una vita normale di una ragazza normale che vive all'estremo confine di un paese occupato, duemila anni fa.

(Maria la bella; il nome *Mariam* ha, fra i significati, il termine «bella» e, a Nazareth, ancora oggi la popolazione afferma che le donne discendenti dalla famiglia di Maria sono particolarmente carine. E poi, visto che Dio si è scelto una sposa, volete che non si sia scelto una splendida ragazza?).

L'evento

Nazareth è un piccolo paese, e Maria una ragazzina qualunque, insignificante, agli occhi del mondo, destinata alla più mediocre delle vite.

E invece.

Dio decide di scendere, di farsi incontrare. Necessita di un corpo, di una famiglia, sceglie di entrare nel mondo nel più semplice dei modi: nascendo. Dio ha bisogno di qualcuno che collabori. Ha di fronte a sé la storia e il mondo. Sceglie un microscopico paese militarmente occupato, situato ai confini di un gigantesco impero, in un'epoca senza televisori o internet. Non sceglie una donna manager o una ricercatrice del ventesimo secolo, non sceglie l'Europa o gli Stati Uniti d'America.

Buffo Dio, non trovate?

Lui non pensa che l'efficienza sia essenziale alla diffusione dell'annuncio.

Non fa test di ingresso, né pensa di avere bisogno di collaboratori particolarmente preparati ed efficienti.

A Dio serve un cuore largo e una fede incrollabile.

Dio pensa che una persona valga senza doverlo continuamente dimostrare.

Almeno lui.

Angeli

Accade.

Lo so, noi che siamo tutti figli di Piero Angela e di Corrado Augias, che ci intimoriamo sentendo parlare Odifreddi, storciamo il naso quando sentiamo parlare di angeli e di apparizioni, come se fossero il retaggio di un passato primitivo e superstizioso.

Eppure è accaduto, perché la realtà non è composta solo da ciò che possiamo misurare o riprodurre, e la scienza riesce a descrivere e capire solo una minima parte di ciò che esiste.

Esistono gli angeli, gli amici di Dio.

Non sono quella brodaglia *New Age* che ci rifilano, ogni tanto, i programmi televisivi, ma esistono.

E un angelo, uno di quelli più importanti, è mandato da Maria di Nazareth, per chiederle una collaborazione folle.

Leggiamo insieme l'incontro fra un arcangelo e un'adolescente.

Dovete immaginarvi il contesto: la casa, il sole di Galilea, la luce del mattino o della sera, fate voi, le povere cose di una famiglia palestinese, una ragazzina che sta riordinando casa o tornando dal pozzo, o pregando in cuor suo... poi pensate all'angelo, senza rigidezze mentali: se vi piace come l'ha immaginato il Beato Angelico, bene, ma non abbiate paura di togliergli le ali (in un bel film di qualche anno fa, l'angelo era il benzinaio sotto casa!) e ascoltate cosa si dicono i due...

Al sesto mese Dio mandò l'angelo Gabriele in una città della Galilea chiamata Nazareth, a una vergine sposa di un uomo di nome Giuseppe della casa di Davide: il nome della vergine era Maria. Entrò da lei e le disse: «Salve, piena di grazia, il Signore è con te». Per tali parole ella rimase turbata e si domandava che cosa significasse un tale saluto.

Maria è comprensibilmente turbata: quando sentiamo il soffio di Dio ci assale il timore, quando facciamo esperienza di Dio, improvvisa, ci sentiamo mancare, avvertiamo l'incommensurabile distanza fra noi e lui.

Maria si chiede il senso di quelle parole. Che significa che è riempita di grazia? E cosa significa che il Signore è con lei? Il Signore è sempre con il suo popolo, lo accompagna, lo sostiene, in che modo è diversa questa presenza in lei?

L'angelo si accorge del turbamento di Maria (tenero!) e interviene.

Ma l'angelo le disse: «Non temere, Maria, perché hai trovato grazia presso Dio. Ecco, tu concepirai nel grembo e darai alla luce un figlio. Lo chiamerai Gesù. Egli sarà grande e sarà chiamato Figlio dell'Altissimo; il Signore Dio gli darà il trono di Davide, suo padre, e regnerà sulla casa di Giacobbe in eterno e il suo regno non avrà mai fine».

L'angelo la rassicura: non temere.

Non dobbiamo temere, se abbiamo fiducia in Dio, se abbiamo confidato nella sua grazia.

Non dobbiamo temere, come ci ha detto, da subito, il grande Giovanni Paolo.

Ci spaventa la vita, ci spaventa il futuro, ci spaventa il dolore. Ma da Dio non abbiamo nulla da temere.

Non dobbiamo temere perché, come Maria, siamo colmi della grazia, dell'attenzione, della tenerezza del Padre.

E l'angelo osa, propone, chiede: sarai madre di Gesù, un grande, il Messia, il Figlio di Dio che fonderà un regno senza fine.

Ah, solo? Ma guarda un po'!

E Maria, la ragazzina, supera il timore, e parla alla pari con l'angelo, indaga, chiede spiegazioni.

Allora Maria disse all'angelo: «Come avverrà questo, poiché io non conosco uomo?».

Come è possibile? Maria si confida: tra lei e Giuseppe non ci sono ancora stati dei rapporti, non si sono "conosciuti", che è un termine semitico per indicare l'unione coniugale. Maria rivela, candidamente, di essere ancora vergine, come può diventare madre?

Questa risposta, lo so da fonti certe, ha suscitato un largo sorriso in Gabriele.

(Non chiedetemi quali siano le mie fonti, sono coperte da segreto, deontologia professionale di scrittore)

Ha sorriso, provando un po' di invidia (Ma gli angeli provano invidia? Certo!) e ammirazione per gli esseri umani e ha capito, per un istante, perché l'Altissimo si ostini così tanto a occuparsi di loro.

L'angelo è rimasto colpito dall'assoluta trasparenza di questa ragazza, dalla sua cristallina ingenuità, dalla sua freschezza interiore.

E l'ha rassicurata.

L'angelo le rispose: «Lo Spirito Santo scenderà sopra di te e la potenza dell'Altissimo ti coprirà con la sua ombra; perciò quello che nascerà sarà chiamato santo, Figlio di Dio. Ed ecco, Elisabetta, tua parente, ha concepito anche lei un figlio nella sua vecchiaia, e lei che era ritenuta sterile è già al sesto mese; nessuna cosa infatti è impossibile a Dio».

Gabriele le parla, sorridendo: che problema c'è Maria? Colui che ha costruito i cieli e i cieli sopra i cieli si lascia fermare da un piccolo particolare tecnico? E non ti chiedi, piuttosto, come può l'Infinito comprimersi nel tuo acerbo ventre? Non ti chiedi come possa Dio, per un istante, essere ancora Dio e diventare uomo? E come questo bimbo mischierà in sé i tuoi tratti e l'essenza di Dio? Il suo e il pensiero di Dio? E come farà a capire qual è il suo destino? E come lo realizzerà?

No, Maria, non esistono muri che Dio non possa superare.

Anche Elisabetta, sterile e in menopausa, sta per diventare madre.

Vuoi che il Creatore dell'universo non possa far partorire una vergine? O una donna sterile?

Ecco, l'annuncio è fatto, la commissione svolta, ora tocca a lei, Maria.

In una splendida e poetica pagina, il grande monaco san Bernardo di Chiaravalle immagina che, per un istante, tutto il Cosmo, tutto il Creato in attesa di redenzione, abbia trattenuto il fiato.

E se Maria avesse declinato l'invito? Chiesto all'angelo di ripassare per parlarne prima con Anna sua madre o con il rabbino? Se avesse indugiato, ragionato, valutato la folle proposta di Dio?

> *Disse allora Maria: «Ecco la serva del Signore; si faccia di me come hai detto tu».*

Maria dice: non capisco, ma mi fido, fai tu.

Ci sono momenti della nostra vita, in cui non capiamo tutto di Dio e di ciò che ci chiede, ma ci fidiamo, ci affidiamo, anche noi gli diciamo: «Fai tu».

(A me continua a succedere, e non ho di che lamentarmi, in effetti)

La vita di Maria, da quel momento, è stravolta, rovesciata, completamente cambiata.

E l'angelo si allontanò da lei (Luca 1,26-38).

È un'annotazione importante, non un dato cronologico.

Indica la grandezza del compito di Maria. Significa: fine delle apparizioni, scordati gli angeli.

Da qui al Golgota, Maria resterà sola. Sola con le sue scelte, sola con i suoi dubbi (come si è svegliata l'indomani mattina?), sola con la sua vita e il suo immenso mistero.

Questo mi commuove: Maria ha portato per trent'anni il fardello dell'identità di Dio da sola, attingendo, nella preghiera, a quell'unico, fondamentale momento.

Anche a molti di noi succede: certi matrimoni si tengono in piedi ripensando al momento dell'innamoramento, certe conversioni sopravvivono pensando al momento dell'incontro con Dio, certe consacrazioni a Dio attingono continuamente al momento dell'abbandono nelle sue mani.

Poi

Poi il ventre cresce, e l'angelo latita.

Bisogna parlarne con Giuseppe (lo vedremo).

Maria decide di mettersi in viaggio, certamente con Giuseppe (è impensabile che una donna viaggi da sola), per andare a trovare la sua parente Elisabetta.

L'angelo l'ha citata, dicendo che aspetta un bambino. Non esistono cellulari o *mail*, all'epoca, l'unico modo per averne conferma è affrontare i due giorni di viaggio per scendere in Giudea, e così accade.

Ho immaginato molte volte quel viaggio.

Maria e Giuseppe si sono chiariti, ma tra loro, ora, tutto è cambiato. C'è un clima intenso di mistero, di cose grandi, forse troppo grandi per essere portate da una giovane coppia.

Come il padre Abramo, come Mosè, come il re Davide, come i Profeti, anche loro, ora, sono coinvolti in un progetto di cui non colgono l'enorme portata, ma che condividono e accettano.

Il brano di Luca è asciutto. E commovente.

> *In quei giorni Maria, messasi in viaggio, si recò in fretta verso la regione montagnosa, in una città di Giuda. Entrò nella casa di Zaccaria e salutò Elisabetta. Ed ecco che, appena Elisabetta ebbe udito il saluto di Maria, le balzò in seno il bambino. Elisabetta fu ricolma di Spirito Santo ed esclamò a gran voce: «Benedetta tu fra le donne e benedetto il frutto del tuo seno. Ma perché mi accade questo, che venga da me la madre del mio Signore? Ecco, infatti, che appena il suono del tuo saluto è giunto alle mie orecchie, il bambino m'è balzato in seno per la gioia. E benedetta colei che ha creduto al compimento di ciò che le è stato detto dal Signore»* (Luca 1,39-45).

Maria ha fretta di incontrare Elisabetta, non sta nella pelle.

Se Elisabetta ha vissuto un'esperienza simile alla sua, forse potrà confrontarsi e capire.

E se, invece, non c'è nessun bimbo in arrivo, significa che sta impazzendo.

E accade.

Me la vedo la scena, la conosco bene, socchiudo gli occhi e immagino i dintorni di Ain Karem.

Vedo Elisabetta col pancione che si affaccia all'uscio di casa, pulendosi le mani col grembiule, e si aggiusta il velo che ha in testa, sorride e scuote la testa. Vedo Giuseppe che entra nel cortile di casa, tirandosi dietro un ciuchino e Maria che saluta con la mano Elisabetta e dice «Shalom», timidamente. Poi Giuseppe l'aiuta a scendere e le due donne si avvicinano. Sono attimi densi e silenziosi, poi Elisabetta la stringe a sé e la riempie di baci: «La madre del mio Signore è venuta fino da me! Il mio bambino ha riconosciuto il tuo, appena mi hai salutata! Ma come hai potuto credere, Maria? Come sei riuscita a credere in una cosa così folle?».

Quest'ultima cosa Elisabetta la dice con una vena di invidia, di sana invidia, simile a quella provata dall'angelo.

Maria è beata perché ha creduto, vive nella gioia di Dio perché ha creduto nel Dio dell'impossibile.

Esce di casa anche il vecchio Zaccaria che va incontro a Giuseppe, e le due donne, ora, si abbracciano e danzano nel cortile, sollevando nuvole di polvere e ridono e cominciano a cantare.

Ora l'invidia la provano i due mariti, e anch'io, perché noi maschi non potremo anche solo lontanamente immaginare cosa significa una vita che cresce dentro di te. È una questione fra donne, una di quelle cose bellissime che Dio ha riservato solo alle figlie di Eva.

È tutto vero, allora.

Dio si è ricordato del suo popolo.

Dio viene.

Dio ci salva.

E lo fa attraverso la disponibilità un po' folle di queste due donne.

Ora Maria canta, cuce tutte le parole di speranza che ogni *shabbat* ha sentito nella sinagoga di Nazareth, fin da piccola.

«L'anima mia magnifica il Signore
e il mio spirito esulta in Dio, mio Salvatore
perché ha considerato l'umiltà della sua serva.
D'ora in poi tutte le generazioni mi chiameranno beata.
Perché grandi cose m'ha fatto il Potente,
Santo è il suo nome,
e la sua misericordia di generazione in generazione
va a quelli che lo temono» (Luca 1,46-50).

Dio, finalmente, viene.

Ci sono dei momenti difficili, nella vita, momenti in cui dubitiamo di farcela, o di credere, momenti in cui l'ombra e il dolore sembrano prevalere, momenti di assoluto scoraggiamento. In quei momenti bisogna mettersi in viaggio e andare a trovare qualcuno che, come noi, ha incontrato Dio da vicino, e parlare e danzare, e ricordarsi di tutte le cose belle che Dio fa, nella nostra e nell'altrui vita.

Ma

Ma non come si sarebbe immaginata Maria, credo.

L'incontro con Elisabetta l'ha caricata a mille, i mesi scorrono densi e pieni di scoperte, come capita alle donne durante la gravidanza.

Arriva l'editto del censimento, mancano poche settimane al parto.

Bisogna partire, nonostante il pancione, nonostante il lungo viaggio, perché un imperatore ha deciso di contare i suoi sudditi e di crogiolarsi nella sua superbia.

Tra i suoi sudditi, c'è Dio.

In quel momento Maria ha avuto un sussulto nel cuore. Le cose si stavano complicando.

Mettetevi nei panni di Maria: ha saputo di essere lei la madre del Messia, ha avuto un chiarimento non troppo semplice con Giuseppe suo sposo, ora le cose sembrano procedere bene... e arriva un contrattempo importante.

A Betlemme? In quella situazione?

Maria obbedisce, si fida, si affida.

Ma i sobbalzi del ciuchino sono molto più dolorosi di quelli di qualche mese prima.

E l'arrivo a Betlemme è disastroso.

Me la vedo Maria, che cerca di non far preoccupare Giuseppe che, come ogni buon maschio all'avvicinarsi del momento del parto, è preso dal panico e cerca di non darlo a vedere.

Non c'è posto, non per loro, almeno.

E il ventre ora è duro, teso, dolorante.

«Fai presto, Giuseppe», sussurra la piccola Maria.

E Giuseppe bussa, insiste, implora. Finché trova un animo pietoso che si intenerisce e li fa accomodare nel locale dietro casa in cui si tenevano le provviste, gli attrezzi, e gli animali di casa.

Va bene così, ovvio, non hanno scelta.

E in quel momento, in quel preciso istante in cui Maria era adagiata sulla paglia asciutta, sopra il mantello di Giuseppe, e qualche pia donna andava a prendere dell'acqua per assisterla al parto, in quel preciso istante, cosa ha pensato Maria?

Bell'accoglienza riservata al figlio di Dio! Complimenti vivi all'umanità!

E a Dio!

Ogni madre sa che il proprio figlio è il bene più prezioso, più della propria vita.

Maria sa che il suo grembo contiene l'Assoluto. E ora l'Assoluto nasce in una stalla.

Mettere insieme i pezzi

Il primogenito nasce.

Maria, stanca per il parto ma finalmente serena, lo stringe al suo petto con amore immenso.

I papà e le mamme che leggono sanno che quello è il momento più bello della vita, e quel momento lo hanno vissuto anche Maria e un impacciato Giuseppe.

Scorrono le ore, il bambino, ora, dorme, dopo che Giuseppe ha chiesto del latte di capra al generoso padrone di casa.

Tutto tace, tutto è silenzio, la luna getta una pallida luce su ogni cosa.

E, in quel momento, quando finalmente il sonno sostituisce la tensione e la stanchezza, arrivano i pastori.

È un po' come vedersi piombare nella stanza del reparto maternità un gruppo di zingari rumorosi e indesiderati. Questo è l'effetto suscitato dall'ingresso dei pastori, che impareremo a conoscere più avanti.

Giuseppe si risveglia dal sonno e si pone fra i pastori e Maria, per proteggerla.

Dopo il primo attimo di sconcerto, legittimo, gli animi si rasserenano.

Dopo aver veduto, riferirono quello che del bambino era stato detto loro.
Tutti quelli che udivano si meravigliavano delle cose che i pastori dicevano loro (Luca 2,17-18).

I pastori raccontano degli angeli, e dello stupore.

Maria e Giuseppe ascoltano, turbati.

Poi Maria scopre il bambino dal mantello in cui è avvolto, e lo mostra ai pastori.

Maria, da parte sua, conservava tutte queste cose meditandole in cuor suo (Luca 2,19).

La frase riportata da Luca ci apre un orizzonte nuovo. L'evangelista ripeterà le stesse identiche parole dopo il ritrovamento di Gesù nel tempio, a dodici anni (Luca 2,51). Maria cerca di capire, medita, fa silenzio, fa ritiro, prega intensamente e interiormente.

Letteralmente, Luca scrive che Maria metteva insieme i pezzi.

Betlemme, la stalla, i pastori, i Magi…

Maria cerca di capire, cuce insieme le cose, trova una logica comune che viene da Dio.

Quante volte la nostra vita è sprovvista di un filo che la unisca, di qualcosa che la tenga insieme!

Quante persone conosco che si sentono travolte dagli eventi e faticano a trovarne il senso!

Maria ci insegna a rientrare in noi stessi, a lasciare che sia la Parola ad illuminare i fatti, che sia Dio a svelarci, con discrezione, la misura delle cose che viviamo.

Di quanto silenzio ha bisogno il nostro tempo!

Di quanto spazio al "dentro", all'essenziale, alla preghiera!

Quanta fatica fa l'anima, a raggiungerci!

E quanta più fatica facciamo nella vita, tanto più ci è necessario il tempo della riflessione e della meditazione.

Vorrei (davvero!) che le nostre chiese, annegate nel traffico cittadino, diventassero delle oasi dello spirito, sempre aperte, sempre accoglienti, con un angolo illuminato e dei testi da leggere, con qualche proposta quotidiana, che so, a pausa pranzo, la lettura e il canto di un salmo, una decina della corona!

Tempi in cui fare silenzio e sollevare il tombino che c'è sotto ai nostri piedi, e scoprire che sotto il pavimento della nostra vita c'è l'oceano di Dio.

Obbedienze

Prima del compimento degli otto giorni, il bambino va circonciso.

È una bella tradizione, che risale all'alleanza con Mosè, è un gesto di dono al Signore della vita, come se si riconoscesse che tutto, anche un figlio, è suo dono e gli appartiene.

Anche se Gesù è la presenza stessa di Dio, Maria e Giuseppe obbediscono alla Legge, senza porsi troppi problemi o questioni teologiche.

Quanti battesimi ho celebrato in questi anni, di quanti bambini i cui genitori, senza porsi troppi problemi, si affidavano a Dio istintivamente!

(Certo: se, poi, i genitori fanno un percorso di fede, è meglio per tutti!)

Maria e Giuseppe salgono al tempio, che incute una certa soggezione a due paesani del Nord.

Offrono due colombi, l'offerta minima, l'offerta dei poveri. Gli affari non vanno troppo bene, a Giuseppe, meglio stare sul risparmio.

E, mentre chiedono informazioni, si avvicina loro un anziano, Simeone.

Prende il bambino e pronuncia una strana preghiera.

Lo lasciano fare, i giovani sposi, sono rispettosi delle persone anziane, come dice la *Torah*, e gli anziani sovente si inteneriscono alla vista di un neonato.

Poi, accade.

Il vecchio, sorridente, affida il neonato alle premurose braccia della madre, e la guarda diritto negli occhi.

> *Simeone li benedì e a Maria, sua madre, disse: «Ecco, egli è posto per la caduta e per la risurrezione di molti in Israele e come segno di contraddizione, sicché una spada trapasserà la tua anima, affinché vengano svelati i pensieri di molti cuori»* (Luca 2,33-35).

Scende il gelo. ora.

Simeone ha visto lontano: questo bambino sarà segno di contraddizione per molti, costringerà a schierarsi, svelerà i segreti del cuore di ognuno e questo, a Maria, provocherà un dolore tagliente e profondo.

Tutti i genitori desiderano istintivamente il bene per i loro figli.

Succede, poi, che alcuni genitori non siano proprio in grado di occuparsene, e facciano un sacco di danni, ma questo è un altro discorso.

Non c'è sofferenza peggiore del vedere soffrire una persona che si ama.

Maria impallidisce.

Ha accettato, nove mesi prima, di diventare la madre di Dio.

Sa che diventare madre richiede sacrificio e dono di sé, ed è disposta a farlo. Ora viene a sapere che alla sofferenza insita nel ruolo genitoriale, alla fatica educativa di ogni adulto, si aggiungerà un fosco futuro.

Il saluto dell'angelo, la profezia su Gesù *che sarà chiamato santo, Figlio di Dio,* non significa evitare la sofferenza, per Gesù e per sua madre.

Maria sorride e saluta, e si avvia verso il sacerdote che taglierà un minuscolo brandello di pelle a suo figlio.

A lei, è appena stato tagliato un pezzo di cuore.

Nella storia dei cristiani, Maria è stata invocata col titolo di *addolorata*, venerata come colei che ha condiviso il dolore di suo figlio. Il dolore della perdita di un figlio è fra i più grandi che una persona possa vivere nella vita.

Maria l'ha sperimentato: ha avuto un figlio torturato fino alla morte, senza colpa, accusato ingiustamente e barbaramente ucciso.

Fratelli e sorelle sanguinanti, che piangete la morte di un figlio, Maria sa cosa state vivendo.

E quel dolore, condiviso, trasfigurato, donato, è diventato salvezza e redenzione per ogni uomo.

Clandestini

Peggio.

Dopo la visita dei Magi, che vedremo, Maria e Giuseppe reputano prudente andarsene dalla Giudea.

Erode cerca il bambino, non ammette concorrenti, pur di salvaguardare il proprio trono farà uccidere dei bambini.

> *(Giuseppe) si alzò, prese con sé il bambino e sua madre, nella notte, e partì per l'Egitto. Lì rimase fino alla morte di Erode. Questo affinché si adempisse quanto fu annunciato dal Signore per mezzo del profeta che dice: Dall'Egitto ho richiamato mio figlio* (Matteo 2,12-15).

Maria e Giuseppe fuggono in Egitto, la terra della schiavitù, lo storico nemico di Israele.

Alcuni studiosi dicono che, con ogni probabilità, Matteo vuole mettere in relazione la nascita di Gesù con la nascita di Mosè.

È possibile.

Ma, probabilmente, il viaggio in Egitto non ha solo valore simbolico, è davvero accaduto.

Partiti per il censimento, i due giovani si ritrovano in un paese straniero, malvisti, e sono costretti a inventarsi una vita da esiliati e profughi.

Hanno delle ragioni, enormi: vogliono proteggere il loro bambino.

Il Figlio di Dio.

Quando vediamo le folle di disperati sbarcare sulle coste del nostro paese, pensiamo che, fra quella gente, ci sono persone che fuggono una guerra, o la miseria, o una persecuzione, che una ragione forte li spinge ad abbandonare la loro terra, i loro affetti, il loro futuro.

No, non faccio politica, faccio il cristiano.

Le cose, poi, sono difficili, lo so da me: l'accoglienza significa far venire persone che poi abbiano realmente la possibilità di vivere meglio.

Ma non posso evitare, quando vedo alla televisione le immagini dei disperati che sbarcano, i volti provati delle esili madri che stringono i loro bambini al petto, di pensare a Maria e Giuseppe.

Che, mi dice il mio informatore segreto, in Egitto hanno avuto qualche guaio con i vicini di casa che li accusavano di rubare il lavoro agli egiziani (Ma non erano razzisti, ci mancherebbe).

Come Maria

Maria non ha avuto una vita facile.

Il suo «sì» a Dio si è concretizzato in una serie di scelte difficili e dolorose, vissute con amore, recuperando forza interiore dalla meditazione.

Maria dice a noi discepoli che accogliere il Signore nel Natale significa mettersi in gioco, donarsi, diventare anche noi *ianua coeli*, porta d'ingresso per Dio nel mondo.

E, per farlo, abbiamo bisogno di spazio di silenzio, di trovare un nesso che metta insieme i pezzi della nostra vita.

Se volete vivere bene il Natale, fate come lei.

IL SOGNATORE GIUSTO

«Come sta tua moglie?».

Glielo chiedo con naturalezza: è da tempo che non vedo Gianna.

Enrico si fa cupo, abbassa lo sguardo.

«Faccio fatica, è un momento durissimo, non avrei mai pensato... Scusa, ma non ne voglio proprio parlare».

Mi accorgo di avere fatto una gaffe ciclopica. Taccio, imbarazzato.

Con Enrico ci vediamo periodicamente, per lavoro. È una bella persona, anni fa mi ha anche chiesto di seguire i suoi due figli adolescenti, ora felicemente cresciuti e realizzati, uno in America e l'altro in Australia. Ma non abbiamo molta confidenza, mi accorgo di avere toccato un tasto dolentissimo e non so come uscirne.

Mi immagino una crisi matrimoniale in atto, una separazione.

Succede, a volte, anche alle coppie più collaudate. Cresciuti i figli, rimasti soli, i coniugi non sanno più cosa dirsi, ed emerge una rabbia repressa che fa esplodere una vita.

«Nessun problema, stai tranquillo», aggiungo.

Riprendiamo il lavoro, gli faccio vedere alcune idee per un prossimo futuro.

Lui tace, è distratto, poi si siede, si toglie gli occhiali e parla.

È un torrente in piena.

Di dolore.

«Il medico dice che è una perdita della memoria. Bel modo di definirla... ipocrita e politicamente corretto... È cominciato quattro anni fa, sono io ad essermene accorto. Ora siamo in cura a Milano, al san Raffaele... forse ci mettono in un protocollo sperimentale perché Gianna ha solo sessant'anni. Le ho fatto togliere la patente, e non la faccio uscire da sola, ho preso una ragazza per le pulizie che, in realtà, deve controllare che non si faccia del male inavvertitamente. Non so che fare, Paolo, sono disperato, lei non capisce, pensa che io le usi violenza, la limiti, litighiamo continuamente. Lo specialista dice che fa parte della malattia un peggioramento del carattere, non so cosa farò nel futuro, forse dovrò smettere di lavorare per restare con lei. I figli sono lontani, li tengo all'oscuro per non preoccuparli, devo fare tutto da solo, finché riesco».

Piange, ora. Si alza e va in bagno.

Quanto dolore.

Mi guardo intorno, lo studio è quello di un architetto di fama, di una delle persone più stimate della città, con la villa in Sardegna e la vita mondana che molti desiderano.

Ora che Gianna ha il morbo di Alzheimer, la sua vecchiaia non la passerà a godersi la barca navigando nel Mediterraneo, ma a seguire una moglie che adora e che sta svanendo.

Torna, dopo dieci minuti.

Gli parlo dell'amore crocefisso, dell'obbedienza alla realtà, del dono di sé.

Parole così fragili, davanti alla concretezza di una tragedia così pesante.

Penso a un'altra coppia che conosco, nella stessa situazione. Mi rivedo lo sguardo perso nel vuoto di lei, e lui che la accudisce come una neonata, imboccandola e cambiandola.

Che Natale difficile sarà, per Enrico.

Gli prometto preghiera.

Ci congediamo col cuore carico, non ho il coraggio di fargli gli auguri di Natale.

Prego san Giuseppe, patrono degli obbedienti, patrono dei disperati, custode della santa Famiglia.

Il sognatore

Non lo dico io, lo dice la Scrittura.

La nascita di Gesù avvenne in questo modo: sua madre Maria si era fidanzata con Giuseppe; ma prima che essi iniziassero a vivere insieme, si trovò che lei aveva concepito per opera dello Spirito Santo. Il suo sposo Giuseppe, che era giusto e non voleva esporla al pubblico ludibrio, decise di rimandarla in segreto. Ora, quando aveva già preso una tale risoluzione, ecco che un angelo del Signore gli apparve in sogno per dirgli: «Giuseppe, figlio di Davide, non temere di prendere con te Maria, tua sposa: ciò che in lei è stato concepito è opera dello Spirito Santo. Darà alla luce un figlio, e tu lo chiamerai Gesù; egli infatti salverà il suo popo-

lo dai suoi peccati». Tutto ciò è accaduto affinché si adempisse quanto fu annunciato dal Signore per mezzo del profeta che dice: Ecco: la vergine concepirà e darà alla luce un figlio che sarà chiamato Emmanuele, che significa: con-noi-è-Dio. Destatosi dal sonno, Giuseppe fece come gli aveva ordinato l'angelo del Signore e prese con sé la sua sposa; ma non si accostò a lei, fino alla nascita del figlio; e gli pose nome Gesù (Matteo 1,18-25).

La vita di Giuseppe è determinata dai sogni, è segnata dalla notte.

Certo, l'inconscio non è ancora stato "scoperto" e il buon Freud ancora non ci ha spiegato che i sogni sono il collegamento fra il conscio e l'inconscio, ma la Bibbia qualche buona intuizione l'ha già avuta.

Il sogno ha a che fare col mistero, con Dio, con la relazione profonda, perché la realtà non è limitata a ciò che sperimentiamo o vediamo.

Dio fa i suoi doni nel sonno (Salmo 127,2), incontra Giacobbe (Genesi 28,10ss), raggiunge Elia il fuggiasco (1Re 19,1ss). Nel sogno possiamo avere, talvolta, la percezione dell'altrove.

Tant'è: il sogno caratterizza le scelte di Giuseppe.
Sin dall'inizio.

Insonnia

Giuseppe sta organizzando casa per accogliere Maria. È un bravo ragazzo, un onesto lavoratore ed è sufficientemente devoto, insomma: un buon partito. È contento di accogliere Maria, che è una ragazza timida ma decisa, gentile e di bell'aspetto: molti lo considerano fortunato di avere in sposa la piccola adolescente di Nazareth.

In questo clima di festa matrimoniale, arriva la doccia fredda.

Matteo, tutela della *privacy*, non ci spiega come Giuseppe sia venuto a conoscenza della gravidanza di Maria.

Dubito che si siano incontrati, forse è stata la madre Anna a comunicargli la notizia, chissà.

Possiamo, però, immaginare la notte insonne di Giuseppe, la peggiore della sua vita.

Ma come? Maria? La mia piccola Maria?
E chi sarà il padre? Io che pensavo fosse una così brava ragazza!
Che stupido sono stato!
Ma ci sarà una ragione, qualcuno avrà abusato della sua gentilezza...

Giuseppe non riesce a prendere sonno, si gira e si rigira sul giaciglio, come fa la porta sui cardini, come dice argutamente la Scrittura (Proverbi 26,14).

Ma, oltre alla profonda ferita di un amore tradito, Giuseppe deve affrontare l'incubo del futuro.

Cosa deve fare?

A norma di legge (Dt 22,21), Giuseppe deve svegliarsi e radunare altri uomini della comunità dicendo che quel bambino non è suo, e subito Maria sarà lapidata a morte.

Per essere un buon credente e un devoto, deve uccidere Maria.

(Non è folle che, a volte, gli uomini compiano cose orribili in nome di Dio?)

Ma, grazie al cielo, quest'usanza non è più praticata, al tempo di Gesù.

Giuseppe deve informare il rabbino del fattaccio e ripudiare la futura sposa, che rimarrà a casa dei propri genitori piena di vergogna, segnata per tutta la vita.

E, a questo punto, succede l'incredibile.

Giuseppe, che è un giusto, trova una soluzione.

Mentirà.

Il mentitore giusto

Dirà che si è stancato di Maria, la ripudierà, salvandole l'onore.

Certo, nessuno prenderà più in sposa una donna che ha avuto un figlio da un altro uomo, ma, almeno, girerà a testa alta nelle strade di Nazareth.

Giuseppe è grandioso: non rispetta la legge attribuita a Dio e decide di mentire.

Matteo ci dice che Giuseppe è *giusto*.

A volte la legge di Dio, quella autentica, passa attraverso la trasgressione della legge degli uomini, quella attribuita a Dio.

Giusto è un titolo straordinario, in Israele.

È, forse, il più bel complimento che si possa fare a un ebreo.

Giuseppe è *giusto* come Dio è giusto, perché non giudica secondo le apparenze, perché si sacrifica, supera il suo orgoglio di maschio ferito (terribile!), e salva Maria.

Immenso Giuseppe, falegname abituato a riconoscere l'essenza di un legno, a piallare un asse, non a inseguire fini ragionamenti che lo mettono in crisi!

Ha deciso, anche se continua a non prendere sonno.
E, proprio quando ha scelto di salvare Maria, quando si è dato pace, quando ha superato il proprio orgoglio, arriva, in sogno, un angelo che lo rassicura.

Va tutto bene, gli dice l'angelo, hai a che fare col mistero. Fai bene a fidarti di Maria, è prodigioso ciò che le è capitato, colui che porta in grembo non è il figlio di un altro uomo, ma di Dio stesso. Maria lo partorirà e tu, Giuseppe, gli darai il nome, cioè l'identità, il carattere, l'educazione.

A Maria l'angelo chiede di collaborare.
A Giuseppe l'angelo chiede di insegnare a Dio a diventare uomo.
Anche lui, Giuseppe, deve cambiare la sua vita, i suoi desideri, le sue scelte, adeguarli all'evento improvviso di un Dio che decide di diventare uomo.
Giuseppe obbedisce. Si sveglia e prende con sé Maria.
Leggo e rileggo questa conclusione sconcertante. Si alza e obbedisce. Non fa commenti, non approfondisce ulteriormente, si fida e basta, accetta, accoglie. La sua vita, ora, è radicalmente cambiata, ma va bene così: ha a che fare con il mistero di Dio.

Quante persone ho visto, con la vita sconvolta da un evento, obbedire alla realtà.
Senza rassegnazione, con dignità, hanno superato il proprio orgoglio, i propri progetti, e hanno assecondato la realtà.
Padri e madri con la vita sconvolta dalla malattia di un bambino, sposi e spose rimasti soli per un abbandono, o un lutto, sposi che si ritrovano accanto a un marito o a una moglie gravemente ammalati...

Quando capita un evento improvviso e non desiderato, doloroso e sanguinante, possiamo arrabbiarci, deprimerci, bestemmiare.

O svegliarci e agire.

Come Giuseppe.

Giuseppe è un grande sognatore, come dovrebbero essere tutti i padri.

Se non abbiamo più sogni, l'anima si spegne.

Giuseppe si fida del sogno di Dio, lo asseconda.

Mette il sogno di Dio prima dei propri sogni.

Progetti

Il nostro è il mondo delle opportunità. In teoria.

Se uno desse retta ai *media*, ognuno di noi vivrebbe una vita fatta di sogni realizzati...

La realtà, lo sappiamo bene, è molto diversa: nonostante le qualità e la volontà, la determinazione e il desiderio, le nostre scelte non sono sempre le migliori, ma quelle realisticamente possibili.

Così nel lavoro, dove la stragrande maggioranza delle persone non fa un lavoro che gli piace o per cui è portato, ma quello che ha trovato (E: grazie Signore di avere un lavoro, di questi tempi!).

Così negli affetti, dove molti restano soli o hanno accanto l'unica persona che li ha voluti, non il principe azzurro o la principessa dei sogni infantili.

Così nella concretezza del momento contingente: se da noi, in Italia, le cose vanno ancora sufficientemente bene, in molti altri paesi, anche a noi vicini, le persone si pongono il problema della sopravvivenza e abbandonano il proprio paese e i propri affetti per avere una qualche possibilità di riuscita...

Ciò che mi affascina di Giuseppe è il modo con cui affronta un evento che gli cambia radicalmente la vita.

Dio gli ruba la ragazza e la sua vita, ora, è completamente stravolta.

Giuseppe, per un momento, intuisce che dietro la sua vita c'è un altro Progetto, ben più grande, ben più importante, un progetto che ha a che fare con la salvezza del mondo. E accetta di farne parte.

Non è la sua personale realizzazione il centro della sua vita, ma la salvezza del suo popolo.

Se la sua vita serve a portare a compimento questo progetto, la dona, la offre in un gesto cristallino di generosità.

Anche noi possiamo donare la nostra vita al Signore, nel nostro stato di vita.

Fare della nostra quotidianità un dono al Signore, mettere a disposizione le nostre qualità, i nostri carismi, mettere in secondo piano la nostra personale realizzazione in virtù di una salvezza complessiva, della realizzazione del sogno di Dio.

Cotto

Meglio.

Giuseppe è cotto come una pera, per Maria, la ama teneramente.

A tal punto da cercare un'improbabile soluzione per salvarla.

Al punto da assecondare la scelta della sua futura moglie,

lasciandosi coinvolgere in un progetto mille volte più grande di sé.

Giuseppe accetta il progetto di Dio, perché questo progetto ha coinvolto la persona che ama.

Fa benissimo, la liturgia, a proporci, durante il tempo natalizio, lo stile di vita di questa coppia come modello per le nostre famiglie. Non nel senso di imitarne la straordinarietà, ma, piuttosto, nell'indicare come fondante, per una coppia credente, il dono di sé che ciascuno fa all'altro.

Accettare, per Giuseppe, di accogliere Maria, significa accoglierla nella sua dimensione interiore, spirituale, assolutamente unica.

Molte coppie che conosco vivono uno squilibrio spirituale: alcuni sono credenti, ma provenienti da esperienze diverse. Altri non condividono la fede o la spiritualità del coniuge o il suo modo di praticarla. Giuseppe ci insegna, per amore, ad accogliere l'altro in tutte le sue dimensioni, anche in quella misteriosa dello Spirito.

E, ai genitori, insegna a non pensare di possedere i propri figli, che sono sempre dono, altro, manifestazione del mistero della vita. Tanto più per Giuseppe che, vedendo il "suo" Gesù, avverte il mistero di Dio gattonargli per casa.

Poi

Il "poi" lo lascio a te, amico lettore.

Il viaggio a Betlemme, la fuga in Egitto, gli anni da straniero...

Esiste una riflessione che segue gli stessi eventi di Maria, ma con la sensibilità di Giuseppe.

Giuseppe scompare dai vangeli; l'ultima volta in cui viene citato è in occasione della misteriosa permanenza di Gesù al tempio di Gerusalemme, durante l'adolescenza.

Ci immaginiamo, senza forzare troppo la Parola, i lunghi sguardi che lui e Maria si rivolgono, mentre vedono questo ragazzo farsi uomo, imparare il mestiere, superare l'età per un matrimonio… senza fare nulla.

Il Salvatore, l'Emmanuele, il Dio-con-noi era totalmente assorbito dalla vita mediocre di un Galileo ventenne.

Chissà quante volte, durante la notte, Maria e Giuseppe si sono parlati, chiedendosi perché Gesù aspettava tanto a manifestarsi? E ancora obbedivano, pazientavano, offrivano, si fidavano.

Migliaia di uomini e donne invocavano il nome di Dio, giorno per giorno, da un letto di dolore o coperti dalle catene della schiavitù e Dio che faceva?

Sgabelli.

Non abbiamo neppure una parola pronunciata da Giuseppe, non un giudizio, non una sentenza.

Sappiamo che, con ogni probabilità, Giuseppe è già morto quando Gesù inizia il suo ministero pubblico, perché Giovanni non lo menziona fra gli invitati alle nozze di Cana (Giovanni 2), cosa che sarebbe stata naturale, visto che c'erano sua moglie e suo figlio.

La tradizione cristiana ha riflettuto sul fatto che Giuseppe è morto avendo accanto a sé Maria e Gesù.

Un bel modo di morire, onestamente.

Perciò lo ha nominato patrono della buona morte.

Ma il suo silenzio assordante, il suo dileguarsi nel quotidiano, la sua presenza defilata, l'obbedienza vissuta fino a scomparire, ne rivelano la statura gigantesca.

Giuseppe è grande, proprio per il suo nascondimento, per il suo umile servizio al progetto di Dio.

In un mondo chiassoso e rissoso, fatto di persone che sgomitano per avere un passaggio in televisione, Giuseppe ci insegna il valore della sostanza, a scapito dell'apparenza.

Giuseppe, per amore della sua sposa, e di Dio, mette da parte la sua vita e si mette a servizio del quotidiano, in assoluta umiltà. Uomo concreto, di poche parole, giusto e sognatore, ha dato il suo nome e la sua conoscenza di artigiano al Figlio di Dio, ha insegnato a Dio le qualità degli uomini.

Se volete vivere bene il Natale, fate come lui.

GLI ZINGARI DI DIO

Il freddo è pungente, ormai siamo alla terza domenica di Avvento e l'odore del Natale è ovunque.

In città c'è un po' di movimento, ma io tiro diritto tra le vetrine illuminate, lascio ad altri gli acquisti, questo aspetto del Natale mi mette sempre in crisi, non sapendo cosa regalare.

Affretto il passo per potere partecipare alla messa vespertina in Cattedrale.

Come me, alcuni devoti stanno puntando verso lo splendido portale cinquecentesco.

È lì che la vedo.

Sono anni che non ci incontriamo, eppure ci conosciamo bene.

Non so il suo nome e, se mai l'ho saputo, l'ho dimenticato.

Può avere sessanta o settanta anni, il volto, scuro, è coperto di rughe, gli occhi neri, i capelli sempre serrati con un foulard coloratissimo. Ha pochi denti in bocca, ma un bel sorriso sincero e veste, nonostante il freddo aostano, con la splendida gonna tradizionale, sormontata da un paletot recuperato alla Caritas. Ci tiene alla sua identità Rom.

Di professione fa la mendicante, con garbo e classe. È da mendicante che l'ho conosciuta, molti anni fa, quando mi aveva coinvolto per i suoi due nipoti più giovani, due teppistelli cresciuti male e finiti peggio, nel giro dello spaccio. Lei ne soffriva terribilmente e ricordo un lungo colloquio col questore per trovare una soluzione.

Che io sappia è qui in Valle da sempre, una delle pochissime famiglie zingare che sopportano il clima poco accogliente delle nostre gelide montagne.

Lei, con pochi altri, girava nelle messe della città per chiedere qualcosa.

Per un periodo, davanti alla chiesa di cui ero viceparroco, le faceva concorrenza un tipo geniale, un omaccione con la barba, distinto. Diceva di essere un disertore serbo ma, si sa, la fantasia in questa gente è molto vivida. Parlava un italiano stentato, colorato con un fortissimo accento mitteleuropeo.

Lui, però, d'inverno andava a mendicare a Riccione: lì faceva più caldo, diceva.

L'estate, invece, veniva volentieri in villeggiatura, al fresco, a mendicare in montagna.

Dopo qualche litigio concordammo di fare i turni: due messe lui, due messe lei.

Lei mi fu così grata che, ancora oggi, se può mi regala una delle rose che vende per strada, in settimana.

Mi riconosce e mi sorride, mi stringe la mano, parliamo dei suoi acciacchi, dei nipoti in galera, della roulotte ormai sgangherata, della figlia che è scappata con un *gagi* (noialtri non Rom).

Lascio passare il tempo. Se arrivo in ritardo a messa, da quel che so io, Gesù non si offenderà.

Pastorelli

Molti anni fa, alla fine di un ritiro, una mia parrocchiana mi si avvicinò, scura in volto. Dopo avere sentito la meditazione sui pastori, mi disse, era caduta in una profonda depressione: le avevo rovinato i suoi ricordi d'infanzia.

Quindi, amico lettore, sappi che la meditazione che stai per leggere è piuttosto destabilizzante. Fai ancora in tempo a smettere.

Ricordate i pastorelli del presepe? Quelli che portano le pecorelle verso la capanna? Quelli che, durante i presepi viventi, si bardano con i gilet di lana grezza? Quelli carini che suonano la zampogna e si stupiscono, beati, davanti all'angelo?

Bene: scordateveli.

I pastori, i nomadi che seguono le greggi, i beduini, sono sempre stati visti con sospetto e timore da tutte le civiltà. Nella letteratura accadica i pastori sono chiamati *il nulla che viene dalla steppa*; nella letteratura sumerica, dei pastori si dice: *hanno apparenza di uomini, ma la loro voce è quella del cane della prateria*; gli sciiti li chiamavano *i draghi dei monti*, mentre altre culture li comparavano a briganti affamati o a cavallette insaziabili.

Degli Egiziani che furono conquistati e sottomessi attorno al 1700 a.C. dai nomadi Ixos, la Bibbia ricorda la ripulsa a pranzare con i pastori, *per loro questo è abominio*, dice la Genesi (43,32). La stessa Bibbia in una delle sue tragiche pagine di apertura narra l'odio tra un sedentario, l'agricoltore Caino, con il pastore beduino Abele (Genesi 4).

Dal trattato *Sanhedrin* del Talmud, paragrafo 25b, uno dei documenti fondamentali della tradizione ebraica, apprendiamo che i pastori non potevano essere eletti giudici, e neppure potevano essere addotti come testimoni in un processo perché considerati impuri a causa della loro convivenza con gli animali e disonesti a causa delle loro violazioni dei confini territoriali!

Insomma, il pastore era un mestiere piuttosto difficile, socialmente malvisto e aggravato dalle condizioni disagevoli in cui si svolgeva: il freddo del deserto di notte, il sole cocente (fino a 50°!) durante il giorno, la loro vita di nomadi era difficile, specialmente in un paese composto per il 60% da deserto roccioso.

Questi sono i pastorelli.

La loro non ha nulla a che vedere con la vita romantica e libera passata a dormire *à la belle étoile*, ma, piuttosto, è una vita fatta di sacrifici e di durezze, di privazioni e di rinunce.

Sono intorno al fuoco, nei pressi di Betlemme, accampati in una delle grotte naturali che circondano la cittadina, a scaldarsi nella gelida notte palestinese, col freddo che arriva dal vicino deserto di Giuda, quando accade.

Rivelazioni

Luca, tenero, ci racconta com'è avvenuto l'incontro fra gli straccioni e gli angeli di Dio.

> *In quella stessa regione si trovavano dei pastori: vegliavano all'aperto e di notte facevano la guardia al loro gregge. L'angelo del Signore si presentò a loro e la gloria del Signore li avvolse di luce: essi furono presi da grande spavento. Ma l'angelo disse loro: «Non temete, perché, ecco, io vi annunzio una grande gioia per tutto*

il popolo: oggi, nella città di Davide, è nato per voi un salvatore, che è il Messia Signore. E questo vi servirà da segno: troverete un bambino avvolto in fasce che giace in una mangiatoia». Subito si unì all'angelo una moltitudine dell'esercito celeste che lodava Dio così:

«Gloria a Dio nel più alto dei cieli
e pace in terra agli uomini che egli ama».

Appena gli angeli si furono allontanati da loro per andare verso il cielo, i pastori dicevano fra loro: «Andiamo fino a Betlemme a vedere quello che è accaduto e che il Signore ci ha fatto sapere». Andarono dunque in fretta e trovarono Maria, Giuseppe e il bambino che giaceva nella mangiatoia. Dopo aver veduto, riferirono quello che del bambino era stato detto loro. Tutti quelli che udivano si meravigliavano delle cose che i pastori dicevano loro. Maria, da parte sua, conservava tutte queste cose meditandole in cuor suo. I pastori poi se ne tornarono glorificando e lodando Dio per tutto quello che avevano udito e visto, come era stato detto loro (Luca 2,8-20).

Sono spaventati, i pastori, non sono abituati ad avere a che fare con gli angeli.

Quando ci si avvicina al mondo di Dio, quello autentico, si resta sempre un po' storditi, inquieti. Ci sono momenti d'euforia e di gioia sconosciuta, inattesa, ma anche un senso di spavento per una dimensione che si pensava frutto della fantasia o della suggestione.

Ma l'angelo, come con Maria, come con Zaccaria, li tranquillizza: la luce che li avvolge, d'ora in avanti, illuminerà le loro scelte, i loro passi. L'angelo annuncia: preparatevi a una grande gioia, per voi e per tutto il popolo.

La gioia cristiana è contagiosa, non appartiene a una setta di fanatici, è per tutto il popolo.

Dio non si manifesta ai bravi ragazzi, non ai migliori, ma desidera comunicarsi ad ogni uomo.

Ed ecco l'annuncio, sconcertante: per voi è nato un salvatore.

Per voi.

Siamo onesti: la vita, per un pastore, era talmente dura da non immaginarsi neppure che potesse esserci una salvezza.

E, se c'era una salvezza, se c'era un Messia, se c'era gente che pregava e offriva sacrifici, la cosa non era per loro. Per i devoti e i pii, per quelli che rispettano lo *shabbat* era il Messia, non per dei vagabondi malfamati come loro.

I rabbini non lo dicevano forse ogni volta, commentando la Scrittura? Solo chi vive rispettando la Legge può meritarsi la benevolenza di Dio! E come potevano, loro, i pastori, rispettare la Legge e le minuzie delle abluzioni e del riposo sabbatico e della preghiera al tempio?

Ecco la novità sconcertante, stordente, incredibile: proprio per loro è venuto il Messia.

L'angelo non appare al sommo sacerdote, non appare ai rabbini, né ai devoti farisei.

Alla feccia della feccia, appare, ai bastardi, ai perdenti, ai reietti di ieri e di oggi.

Dio non è venuto per i primi della classe, ma per quelli che sono cacciati da ogni scuola.

Non per i sani, ma per i malati.

Non per i giusti, ma per i peccatori.

Questa è la notizia più sconvolgente del Natale: Dio si occupa dei perdenti, viene apposta per loro.

E lo fa rendendosi accessibile.

Mangiatoie

Dove incontreranno il Salvatore? In un pellegrinaggio? Partecipando a un movimento ecclesiale? Frequentando una scuola di teologia, *pardon*, rabbinica? Cambiando stile di vita?

No: il segno che l'angelo indica è una mangiatoia.

Il Salvatore li aspetta in una mangiatoia.

L'oggetto più scontato, per un pastore, il modo più naturale per mettersi in sintonia con Dio.

Dio vuole essere raggiunto, e lo fa rendendosi accessibile alle nostre capacità, al nostro linguaggio, attraverso la nostra quotidianità. Gesù parla in parabole, nella sua missione. Parla di vigna ai vignaioli, di pesci ai pescatori, di grano e zizzania ai contadini, di dracme agli esattori, di torri ai muratori.

Gesù usa le parabole per dire di Dio, per farsi capire.

Anche con noi accade così: Gesù si rende accessibile, è lui che si mette alla nostra portata, che sceglie di farsi incontrare nelle piccole cose di cui siamo capaci.

Ora gli angeli diventano dieci, cento, mille.

La luce è insostenibile, cantano di gloria e di pace, di uomini amati da Dio.

Immagino che i pastori, come i discepoli fra qualche anno sul Tabor, abbiano pensato: "È bello, per noi, restare qui" (cfr. Marco 9,2-10).

Parlano tra di loro, i pastori, e decidono di partire.

Un gesto coraggioso: sono stipendiati per vegliare il gregge, durante la notte, non per muoversi.

Diversamente dai dottori della Legge e dagli scribi, ora che sanno, vogliono andare a vedere.

Tutto il vangelo è un "vieni e vedi" (cfr. Giovanni 1,39), un fare esperienza.

Gesù va incontrato, non studiato.

Vanno, in fretta.

È il desiderio che ci muove, che ci mette le ali, che ci spinge.

Quando intuiamo qualcosa di grande, troviamo il tempo, agiamo in fretta.

Vanno e trovano.

Cosa trovano?

Solo?

Nessun angelo, nessuna luce, nessun prodigio li attende.

Trovano un neonato in braccio a un'adolescente stanca e provata, un ragazzo titubante che li fa entrare.

E parlano, raccontano.

Coloro che non conoscono la Parola, coloro che la ignorano, diventano i testimoni, i proclamatori.

Come a un gruppo di donne impaurite sarà affidato il messaggio della risurrezione.

Dicono quello che è successo, rincuorano la madre, danno fiducia al padre.

Allora...

Allora è tutto vero, tutto possibile, qualcosa sta davvero accadendo.

Maria medita, non capisce, cerca di mettere insieme i pezzi.

I pastori vedono un bambino, incontrano Dio.

Il miracolo è sempre nel nostro modo di vedere le cose, non nei prodigi.

È il nostro cuore che si deve convertire, non la realtà.

Ritorni

Tornano al loro lavoro, ora, lodando e glorificando Dio.

Hanno visto la salvezza, hanno scoperto che Dio è come loro: giace in una mangiatoia, ha un padre e una madre, è nato povero e nomade. Tornano lodando e glorificando Dio.

Non cambiano lavoro, non migliorano la loro condizione, il loro cuore è cambiato, il loro sguardo è trasformato.

Tornano a fare esattamente la misera vita del giorno precedente.

Per loro non c'è nessun finale strappalacrime da commedia americana, ma tutto, ora, è pieno di luce e di speranza.

Quante volte ci illudiamo di cambiare la nostra vita modificando le condizioni in cui viviamo, i luoghi, il lavoro, le persone che ci stanno accanto…

Se tutto ciò è possibile, bene.

Ma se non riusciamo a cambiare la vita, possiamo cambiare il nostro sguardo su di essa, come sanno fare i pastori.

Se vi sentite sconfitti, perdenti, battuti dalla storia, se avreste voluto una vita migliore e avete dovuto rassegnarvi a una vita mediocre e difficile, state sereni: Dio è nato apposta per voi, la salvezza vi è donata con abbondanza.

Se, come i pastori, avete il coraggio di riconoscere i vostri limiti e le vostre ombre, se, come loro, avete ancora il coraggio di mettervi alla ricerca e di riconoscere Dio nel quotidiano, sarà uno splendido Natale.

I MAGI, CERCATORI DI DIO

Mi scrive da tanto tempo, da qualche anno, credo.

Forse, in una sua *mail*, mi ha anche parlato un po' di sé, ma non ricordo.

Quello che mi resta, di Vincenzo, è la sua voglia di polemizzare, di discutere, di approfondire.

Ricevo parecchie *mail*, una ventina al giorno. Con alcune persone si creano dei legami che durano per qualche mese, a volte per anni, poi, come ci si è incontrati, quasi per caso, ci si lascia.

Alcune delle persone che mi scrivono le ho conosciute, in passato, o hanno letto i miei libri.

Altri arrivano sulla mia piccola spiaggia, approdando per caso dall'oceano di internet.

Vincenzo fa così: mi pone una domanda di fede piuttosto impegnativa.

Io rispondo, brevemente.

Lui replica, allegandomi la risposta di altra gente, preti, teologi, frati, incontrati in rete e che, quasi sempre, senza saperlo, dicono una cosa diversa dalla mia.

Io mi arrabbio, dicendo che sta facendo del turismo religioso e che gioca, che la fede non è trovare chi ha più ragione, ma incontrare qualcuno.

Lui mi dà ragione e si dispera, vorrebbe incontrare Dio.

Se potessi farglielo incontrare glielo presenterei, ma la fede è una cosa personale, ed è lui che si deve sbattere, gli scrivo, e che non riuscirà mai a credere in Dio per dimostrazione scientifica.

Allora sparisce per un mese.

Poi riscrive.

Questa cosa proprio non la capisco: ci sono persone, come il sottoscritto, che inciampano in Dio per caso, senza sapere il perché e che neppure lo cercano.

Altri che lo cercano con passione per tutta la vita, senza arrivare mai a una certezza.

Mistero.

Maghi e maghetti

Non sono né tre né re, come vorrebbe il proverbio e, di tutti i personaggi dei racconti evangelici del Natale, sono quelli più misteriosi e, storicamente, più problematici.

Lo stringatissimo racconto di Matteo ha scatenato la curiosità dei devoti e degli scrittori della prima cristianità, così che, sui Magi, abbiamo una ricca documentazione di testi apocrifi, cioè tardivi e non accettati unanimemente dalle comunità cristiane. Sono testi che, dietro un magma di fantasie e di invenzioni, nascondono talvolta dei brandelli di verità tramandati fino a noi.

Così, se per il *Vangelo degli Ebrei* (II secolo) i Magi sono una miriade di indovini dal colore scuro e dai calzoni alle gambe, lo *Pseudo Matteo*, intorno al VI secolo, parla di tre Magi: Melchiorre, Gaspare e Baldassarre, che offrono ognuno una moneta d'oro e i doni narrati da Matteo, mentre il *Protovangelo di Giacomo* del II secolo si dilunga sulle dimensioni e la brillantezza della stella, il *Vangelo arabo dell'infanzia* (V secolo) considera i Magi come discepoli di Zaratustra, il profeta della religione iranica e, ne *L'infanzia del Salvatore*, un testo del VI secolo, troviamo un divertente monologo di Giuseppe che guarda con sospetto i Magi e si chiede: «Mi pare siano auguri, non stanno fermi un momento, osservano e discutono fra loro. Sono forestieri: il vestito è diverso dal nostro vestito, la veste è amplissima e scura, hanno berretti frigi e alle gambe portano gambali orientali» e, alla domanda rivoltagli su chi sia il bambino, risponde, ironicamente: «Suppongo che sia mio figlio».

Sul frontone della basilica costantiniana della natività di Betlemme i Magi sono raffigurati in costumi persiani, e proprio per questa ragione, nel 614, l'esercito del re persiano Cosroe non la rase al suolo.

Vogliamo però, come sempre, approfondire questa pagina solo a partire dall'asciuttezza delle testimonianze evangeliche, lasciando alla curiosità personale l'eventuale lettura di altri testi.

Chi sono, dunque, i Magi?

Matteo usa la parola greca *Magoi*, termine con cui si intendevano gli astrologi, gli astronomi, gli incantatori, gli aruspici, i maghi, mettendo insieme sapienti e ciarlatani. Ci dice che provenivano da Oriente, quindi, probabilmente, sono Arabi (i "figli d'Oriente", nella Bibbia, sono gli Arabi).

Cosa fanno? Cosa cercano?

Leggiamo il racconto di Matteo.

Dopo che Gesù nacque a Betlemme in Giudea, al tempo del re Erode, ecco giungere a Gerusalemme dall'oriente dei Magi, i quali domandavano: «Dov'è il neonato re dei Giudei? Poiché abbiamo visto la sua stella in oriente e siamo venuti ad adorarlo». All'udir ciò il re Erode fu preso da spavento e con lui tutta Gerusalemme. Convocò allora tutti i capi dei sacerdoti e gli scribi del popolo e domandò loro: «Dove dovrà nascere il Messia?».
Essi gli dissero: «A Betlemme di Giudea. Infatti così è stato scritto per mezzo del profeta:

E tu Betlemme, terra di Giuda,
non sei la più piccola
fra i capoluoghi di Giuda.
Da te uscirà un capo
che pascerà il mio popolo, Israele».

Allora Erode chiamò segretamente i Magi e chiese ad essi informazioni sul tempo esatto dell'apparizione della stella; quindi li inviò a Betlemme, dicendo: «Andate e fate accurate ricerche del bambino; qualora lo troviate, fatemelo sapere, in modo che anch'io possa andare ad adorarlo».
Essi, udite le raccomandazioni del re, si misero in cammino. Ed ecco: la stella che avevano visto in oriente li precedeva, finché non andò a fermarsi sopra il luogo dove si trovava il bambino. Al vedere la stella furono ripieni di straordinaria allegrezza; ed entrati nella casa videro il bambino con Maria sua madre e si prostrarono davanti a lui in adorazione. Poi aprirono i loro scrigni e gli offrirono in dono oro, incenso e mirra. Quindi, avvertiti in sogno di non passare da Erode, per un'altra via fecero ritorno al proprio paese (Matteo 2,1-12).

Curiosi

La loro storia è la storia di un viaggio, di un percorso, di un'avventura iniziata per soddisfare una curiosità scientifica.

La conoscenza delle stelle, l'unica mappa da seguire per chi viaggiava di notte, era molto approfondita e diffusa nel passato e scienze come la matematica, la geometria, l'astronomia, erano praticate da numerosi studiosi. Particolari eventi astronomici erano interpretati e letti dall'astrologia (che non aveva nulla a che fare con gli oroscopi attuali!) e si pensava che ad ogni evento nel cielo corrispondesse un evento sulla terra.

I Magi, studiosi, curiosi e, probabilmente, facoltosi, visto che possono permettersi di girare il Medio Oriente per verificare le loro teorie, seguono un evento astronomico che interpretano come la nascita di un re in Israele.

In un'epoca senza internet e cellulari, l'unico modo di verificare la teoria è quello di andare a vedere di persona.

Che evento hanno visto?

Rassegnatevi: non una stella cometa.

Cosa? Keplero sosteneva che videro una supernova, altri studiosi l'hanno identifica con la famosa cometa di Halley che, però, è passata su Gerusalemme troppo presto: il 26 agosto del 12 a.C., sei anni prima della nascita di Gesù. Altri astronomi, basandosi su calendari astrali antichi, identificano l'evento astrale con la congiunzione tra Giove e Saturno, avvenuta nel 7 a.C. il 29 maggio, il 29 settembre e il 4 dicembre.

A noi, però, importa ricordare che la stella è, anzitutto, un segno messianico.

I Magi, quindi, vedono un evento astrale, e si mettono in marcia.

Folle.

Giuseppe sogna e agisce.

I Magi scommettono e partono.

È tutto un movimento, tutta una sfida, la ricerca di Dio.

Ma, d'altronde, il padre di ogni credente non è forse Abramo, che partì senza sapere dove andare? (Ebrei 11,8).

Come fa notare il filosofo francese Levinas, al mito del nostalgico ritorno di Ulisse dall'ignoto verso casa, la Bibbia contrappone le storie di Abramo e dei Magi, che lasciano la casa verso l'ignoto.

I teologi ci dicono che il racconto di Matteo, più teologico che storico, identifica nei Magi l'umanità pagana che riconosce nel bambino il Messia. Contrapponendo la loro ricerca alla paura di Erode e all'immobilismo della casta sacerdotale, Matteo spalanca l'annuncio del vangelo a ogni uomo, superando gli angusti confini di un popolo.

Di più.

Io penso, forzando un poco la Parola, che i Magi rappresentino, oggi, tutti i curiosi, gli studiosi, gli irrequieti, i ricercatori, gli artisti, che cercano la Verità, la Bellezza, l'Armonia.

E trovano Dio.

Dov'è?

Dov'è il re? Chiedono a un attonito Erode i Magi.

Dov'è?

Non lo sa Erode, come abbiamo visto. Anzi, lo teme, il re.

Il re teme il Re.
E allora chiede.
Lo sanno i sacerdoti.
Anch'essi temono il Sacerdote.
Perché, in questo momento, non c'è bisogno del Messia.

I Magi, ora, sono storditi.
Cosa sta succedendo?
Inseguono una loro teoria, trovano persone turbate che li invitano a lasciar perdere.
Cose di religione, di devozioni, di attese profetiche.
Sono storditi. Non sanno che fare.
E rispunta la stella.

Ci sono dei momenti, nella nostra vita, in cui anche noi siamo storditi, non sappiamo che fare, ci confondiamo.
Abbiamo fatto un'esperienza di fede forte, bella, ci siamo avvicinati a Dio, poi ci siamo impantanati nelle gelosie e nelle paure di chi dice, come Erode, come i sacerdoti del tempio, di conoscerlo, di volerlo adorare.
E invece.
In quel momento, dobbiamo tornare a guardare la stella, l'evento che ci ha fatto muovere.

Chi è la tua stella, amico lettore?
Un prete? Un familiare? Un amico? Un evento?
Chi ti ha portato a cercare Dio? Chi te lo ha indicato?
Prega per lui, ora, ringrazia il Signore di avertelo mandato.

Si prova una grandissima gioia anche solo a vederla, la stella.
Anche solo a sentire parlare di Dio, si spalanca il cuore.

Eccolo

Arrivano, infine.

Hanno messo da parte le loro teorie, ora devono fare un balzo, osare.

Trovano, come i pastori, un piccolo segno: un neonato in braccio a sua madre.

Nessuna insegna regale, nessun trono, nessuna apparenza, di nuovo.

Un bambino allattato al seno della madre.

Cosa c'è di più bello e banale?

La stella, ora, si è fermata sulla casa.

Non serve più, sta a loro decidere. E lo fanno.

Lo so, lo so, questi tre doni sono davvero troppo simbolici per essere veri.

Come dice un famoso adagio rabbinico: «Ogni parola della Bibbia ha settanta volti».

Va bene così, Matteo confonde i piani, ci provoca, mischia eventi e interpretazione, storia ed emozione.

E ci invita a diventare Magi.

Come dicono i padri della Chiesa, i Magi offrono tre doni:
l'oro, per il re,
l'incenso, per il Dio,
la mirra, per il crocefisso.

Quel bambino, per loro, è Dio, il re crocefisso per amore.

Urca.

Ritorni

Tornano a casa, ora. Ma per un'altra strada.

Hanno percorso il sentiero della curiosità, della scienza, della supposizione, per trovare la conferma delle loro teorie. Facendolo con passione, senza pregiudizi, col cuore puro e libero da interessi, hanno incontrato la Verità.

Ora tornano a casa col cuore cambiato, percorrendo nuove strade.

Il nostro tempo, purtroppo, contrappone la scienza alla fede.

C'è stato un tempo, brutto, in cui la fede pretendeva di imbrigliare la scienza.

Ora avviene il contrario, non è bastata la lezione di Galileo, scienziato credente.

Scienza e fede vanno a braccetto, guardano la stessa montagna dai due versanti.

Se tu, amico lettore, sei un appassionato di arte, o di filosofia, o di letteratura, o delle scienze sperimentali, sappi che, in fondo alla tua ricerca, se vuoi, c'è un bambino da riconoscere, un "Verbo", una Parola, un significato, una luce, che dicono il senso ultimo della realtà.

Se avete ancora voglia di cercare, come i Magi, alla fine del vostro Natale, forse, incontrerete Dio.

SIMEONE E L'ATTESA (IN)FINITA

In paese stanno mettendo le luminarie.

Niente di che, il paese di montagna è piccolo, ma la via principale, uno stretto budello fra le case che punta verso l'ovest, lungo duecento metri, ora è piena di lucine che riflettono sui mucchi di neve.

Sul massiccio campanile in pietra splende una stella cometa.

Dev'essere stato Klaus, il parroco, a chiederla.

È una splendida idea.

Dalla finestra della mia mansarda vedo alcune mamme, in strada, che stanno accompagnando i bambini alla materna intercomunale. Sono intabarrati all'inverosimile: il termometro esterno segna meno sette.

Mi sono svegliato presto, stamani, voglio finire il libro entro Natale.

Mancano quattro giorni, poi lo lascerò riposare, lo farò leggere a qualche persona amica e lo confezionerò prima di mandarlo all'editore.

Scriverlo è stata, per me, una scusa per prepararmi al Natale.

Tutto intorno è silenzio.

Davanti a me una tazza di tè caldo fumante.

Ho acceso il caminetto, più per sentire l'odore e lo scoppiettare del larice che brucia che per esigenze di riscaldamento.

Scrivo.

Anziani

Dio viene, l'uomo non c'è.

Non c'è l'imperatore, che non si occupa delle cose di Dio e conta i suoi sudditi come se fossero oggetti.

Non c'è Erode, che teme la venuta di Dio come se fosse un concorrente.

Non ci sono i sacerdoti, tutti presi nel loro piccolo mondo autoreferenziale.

Non c'è la brava gente di Gerusalemme e di Betlemme, travolta dalla dimenticanza.

Dio viene, e qualcuno lo accoglie.

Maria la bella, adolescente incosciente che diventa la porta d'ingresso di Dio nel mondo.

Giuseppe, il sognatore, che mette da parte i suoi progetti per obbedire e assumere gli eventi.

I pastori, gli zingari di Dio, che non si aspettano salvezza.

I Magi, inquieti cercatori che, inseguendo la verità, incontrano Dio.

Ma c'è ancora una figura, quasi marginale, che accoglie Dio.

Un anziano signore di cui poco si parla, nelle nostre liturgie, e che, invece, ha un ruolo fondamentale nella nostra riflessione: è Simeone.

Di lui scrive Luca, leggiamolo:

Ora, c'era in Gerusalemme un uomo chiamato Simeone: era un uomo giusto e pio e aspettava la consolazione di Israele e lo Spirito Santo era su di lui. Anzi, dallo Spirito Santo gli era stato rivelato che non sarebbe morto prima di aver visto il Cristo del Signore. Andò dunque al tempio, mosso dallo Spirito; e mentre i genitori portavano il bambino Gesù per fare a suo riguardo quanto ordinava la legge, egli lo prese tra le braccia e benedì Dio, dicendo:

«Ora, o Signore, lascia che il tuo servo
se ne vada in pace secondo la tua parola,
perché i miei occhi hanno visto la tua salvezza
che tu hai preparato davanti a tutti i popoli;
luce che illumina le genti
e gloria del tuo popolo, Israele».

Ora, suo padre e sua madre rimasero meravigliati di quanto era stato loro detto di lui (Luca 2,25-33).

Ecco un altro giusto.

Come Elisabetta e Zaccaria, genitori di Giovanni Battista, come Giuseppe di Arimatea, come il centurione Cornelio (pagano!). Luca, nella sua opera, identifica alcuni personaggi, definendoli "giusti". Luca, pagano, diversamente da Matteo con Giuseppe, usa questo termine indicando le persone che, con il proprio comportamento retto, favoriscono la manifestazione del Regno. Non c'è, quindi, un legame immediato con la giustizia di Dio.

Nel caso di Simeone, però, il riferimento a Dio è esplicito e ribadito.

Sacrista

Le poche frasi che ce lo descrivono ci danno un'idea precisa di Simeone.

È un uomo di fede, un uomo di Chiesa, diremmo oggi, uno di quelli che sono sempre presenti, che danno una mano, che partecipano alla messa feriale, che non disdegnano di pulire la chiesa e partecipano a tutte le iniziative della parrocchia.

Ce ne sono ancora di persone come lui, sempre meno, purtroppo.

Persone su cui i parroci fanno affidamento, che li sollevano dalle incombenze quotidiane, che prestano un servizio umile e generoso. Uomini e donne con una grande vita interiore. Come Simeone.

Per ben tre volte Luca cita lo Spirito Santo.

È lo Spirito che rassicura Simeone riguardo alla consolazione di Israele.

È lo Spirito che gli promette di fargli vedere la salvezza prima della morte.

È lo Spirito, quel mattino, che lo fa uscire di casa e salire al tempio.

La vita di preghiera è una dimensione straordinaria nella vita del credente.

L'unione con lo Spirito, l'abbandono a lui, ci illumina e ci istruisce, ci conduce e ci dona consolazione e speranza.

Ma proprio da queste sottolineature intuiamo una scomoda verità: Simeone è scoraggiato, forse deluso.

Come molti anziani che ho incontrato nella mia vita.

Amarezze

Ne ho avuto conferma con mio padre.

Persona brillante e attiva, lavoratore dotato di grande spirito di iniziativa, stimato artigiano edile, ha vissuto gli anni della vecchiaia e della malattia come un progressivo spegnimento. Gli amici della giovinezza morti o ammalati, il corpo che cedeva impedendogli l'autonomia così preziosa per lui, alcune ombre della sua vita che non riusciva a superare... ho visto crescere in lui lo scoraggiamento e il senso di fallimento, che tutti, prima o poi, dobbiamo affrontare. Fino a morirne.

Simeone me lo immagino così: un uomo di fede cresciuto all'ombra del tempio, ora amareggiato e stanco, deluso e senza consolazione.

Amico lettore, se ti trovi in questa condizione, molto più diffusa di quanto ti immagini, non avere paura: nonostante la fede possiamo essere depressi, malgrado la nostra generosità possiamo temere la morte, anche se dimoriamo nello Spirito, possiamo avere dei momenti di scoraggiamento.

La fede non risolve i problemi, li pone in una luce diversa.

Al discepolo, il dolore non è evitato.

Egli porta in sé, se vuole, le ragioni per affrontarlo e trasfigurarlo.

Simeone aspetta la fine dei suoi giorni.

Ma è sconsolato: non ha visto la salvezza, non ha assaporato la pienezza di senso.

Anche se il tempio è stato ricostruito e le folle salgono a

Gerusalemme, nonostante le liturgie sontuose e le pompe celebrative, nel suo cuore alberga l'amarezza.

Finché.

Provincialotti

Finché una mattina, come molte, esce di casa e lì, nel grande atrio del tempio, li vede.
È una giovane coppia, visibilmente in difficoltà, che non sa dove andare per fare circoncidere il proprio bimbo. Sono centinaia le persone presenti in quel momento, fra fedeli e leviti, c'è un gran viavai nel cortile.
Giuseppe, timidamente, cerca di chiedere a qualcuno, ma non riceve risposte soddisfacenti.

Li vede, Simeone, e capisce.
Quanti li stanno guardando? Uno solo li vede.
Perché il suo cuore è abitato dallo Spirito Santo.

E accade.
Si avvicina, sorride, prende il bambino, lo guarda con tenerezza, lo restituisce alla madre.
E diventa un poeta.

Ora lascia, dice.
Si rivolge a Dio, è colmo di gratitudine.
Posso andarmene, sono libero, grazie.
Ho visto la salvezza, dice. Ho visto la luce.

Maria e Giuseppe, straniti, lo osservano, ma di cose strane, negli ultimi otto giorni, ne sono successe a sufficienza.

Simeone ha visto la salvezza.

In realtà anche lui, come i pastori, come i Magi, vede un neonato.

Uguale a mille altri, con gli occhi spalancati e pieni di stupore, la faccina raggrinzita e le manine chiuse a pugno.

E lì, in quel bambino, per un attimo, contempla l'infinito.

Simeone ha settant'anni o più, quando incontra Gesù.

Una vita passata ad aspettare Dio.

Poi, per due minuti, incrocia questa coppia e tutto si accende.

Che il Signore conceda a tutti noi di avere quei due minuti.

Due minuti che possono dare senso a tutta una vita, due piccoli minuti che possono aprirci al mistero.

Se, come Simeone, siete delusi dalla vita e amareggiati, se la vita è al tramonto e non vi sembra sia stata granché, se non avete ancora capito cosa ci siete venuti a fare su questa terra, fate come Simeone: dimorate nella preghiera, nella luce dello Spirito, e salite al tempio.

Gli altri vedranno le cose come sempre, voi no. E sarà un Natale pieno di salvezza.

IL VERBO, LA PAROLA

È la vigilia di Natale. Nevica.

Sono contento perché scrivere questo libro mi ha aiutato, e molto, a riprendermi il Natale.

Succede anche a noi, bazzicatori del sacro, di essere travolti dall'abitudine.

Quest'anno no: complici la neve, la Parola e importanti cambiamenti nella mia vita, sarà senz'altro un Natale diverso, più intimo, più raccolto.

Spero sia vero come quello degli anni scorsi.

Incontrare Gesù, molti anni fa, ha cambiato radicalmente la mia vita, spero in meglio.

E, spero, per sempre.

Scusate, sto invecchiando, parlo come se le mie parole dovessero essere scolpite su di una lapide, come scriveva, argutamente, Oscar Wilde.

Ieri ho fatto la spesa, crisi permettendo, per una cena e un pranzo in famiglia, i pochi regali che faccio li ho presi, la casa è addobbata, molto stile *christmas country* ma, si sa, la mansarda parte avvantaggiata. Stamani presto sono uscito a spalare lo stretto passaggio che porta alla strada comunale, in un viottolo fra le case largo non più di un metro. In fondo alla stradina c'è anche una famiglia nordafricana, ma credo che non abbiano molta dimestichezza con la pala da neve e così faccio anche per loro.

Poi, ho pregato, pensando a Giuseppe col ciuchino e alle doglie di Maria.

Ho pensato alla splendida Betlemme, ora drammaticamente circondata dall'osceno muro che divide i popoli e i cuori, ho sentito anche mia madre per sapere cosa avrebbe fatto stasera.

È giunto il momento di chiudere questo libercolo, gettandolo nelle fauci di voi lettori, sperando, come già è successo, che lo Spirito, burlone!, usi i miei sproloqui per scuotere più di un'anima.

E donare speranza.

L'aquila

Giovanni scrive il suo vangelo parecchi decenni dopo Matteo e Luca. Anzi, per dirla tutta, il suo non è neppure un "vangelo" così come lo intendiamo noi. Potremmo dire che è quasi una meditazione sul vangelo. D'altronde, Giovanni dà per scontato che il suo lettore conosca, e bene, la vita e le opere di Gesù. Lui aggiunge, approfondisce, scandaglia, meraviglia.

Non gli interessa la nascita di Gesù, patrimonio acquisito quando lui scrive, e inizia direttamente dalla predicazione del Battista, suo Maestro spirituale. Ma, alla fine del vangelo, decide di scrivere una poesia, un inno, un poema che inserisce prima del vangelo.

È il famosissimo prologo, diciotto versetti di teologia pura, da prendere in dosi omeopatiche. Provo a commentarlo con voi. Prima, però allacciatevi le cinture di sicurezza, voleremo alto.

In principio era il Verbo
e il Verbo era presso Dio
e Dio era il Verbo.

En arché, all'inizio, come una nuova creazione. Come una nuova genesi che ci porta alla conoscenza di Dio. La prima creazione è stata una meraviglia, la seconda è ancora più splendente.

E cos'è il principio, l'inizio? La Parola. D'altronde, non era stata la Parola di Dio a creare? E la parola, anche fra noi uomini, non crea amicizia, amori, odi?

La Parola è relazione, Dio decide di mettersi in relazione, si manifesta, si dice.

Dio è Parola e manifesta la sua Parola, arriviamo a lui attraverso la Parola che ci è donata e che possiamo accogliere, meditare, far crescere dentro di noi.

Questi era in principio presso Dio.
Tutto per mezzo di lui fu fatto
e senza di lui non fu fatto
nulla di ciò che è stato fatto.

La Parola, il Verbo, suscita vita, la dona. Parlare ci rende vivi o ci uccide, le parole costruiscono e distruggono. Dio costruisce sempre, la sua è sempre una Parola di bene, una Parola che cresce e fa crescere, che incoraggia ed accarezza.

Dio ha fatto ogni cosa. La vita, il Cosmo, la Storia non sono frutto del caso, ma della volontà salvifica di Dio. Dio è creatore e l'evoluzione del Cosmo ne svela la potenza e il mistero. Quest'anno, bicentenario della nascita di Darwin, voglio ricordare che non c'è conflitto fra scienza e fede, fra evoluzionismo e creazionismo. Certamente l'Universo si è evoluto e così l'uomo, ma la ragione, la volontà creatrice di Dio si manifesta nella Creazione. Perché esistiamo? È lo stupore dell'esistere che ci spinge a riflettere su Dio, ricorrere al caos non è più intelligente che riconoscere che una volontà sapiente si cela dietro le leggi dell'universo, come affermava Einstein. E nell'evoluzione, come ricordava il grande Giovanni Paolo, assistiamo a un balzo ontologico che i credenti attribuiscono all'opera divina.

Senza Dio, la sua Parola, nulla.

In lui era la vita
e la vita era la luce degli uomini;
e la luce nelle tenebre brilla
e le tenebre non la compresero.

Dio è l'origine della vita, di ogni vita. L'ostinazione con cui i cristiani difendono la vita, nasce dall'assoluta convinzione che la vita è un dono luminoso di Dio. Il discepolo ama la vita, la difende, vive affinché tutti scoprano la luminosità della vita.

Ricordo una dichiarazione farneticante, all'indomani del tragico 11 settembre, di un gruppo di terroristi che dichiarava: noi amiamo la morte.

Noi, fragili discepoli del risorto, invece, amiamo la vita, sempre.

E ci impegniamo con serietà e costanza, con stile e compassione, a vivere bene la nostra vita, a renderla luminosa, a renderla divina e ad aiutare gli altri uomini a scoprirsi chiamati e amati.

Sul valore della vita non si discute; possiamo discutere, e molto, sul modo di far brillare questo valore.

La luce della vita, riflesso di Dio, brilla nelle tenebre.

Quand'anche attraversassimo momenti di fatica, di dolore, tragici, la luce brilla nelle nostre tenebre.

Le tenebre non possono capire la luce, e nemmeno ostacolarla.
Come dice sant'Agostino, non lasciamo che le tenebre parlino al nostro cuore, zittiamole, mettiamole in minoranza nel nostro parlamento interiore.

Ci fu un uomo mandato da Dio; il suo nome era Giovanni. Questi venne come testimone per rendere testimonianza alla luce, affinché tutti credessero per mezzo di lui. Non era lui la luce, ma per rendere testimonianza alla luce.

Anche noi, come il Battista, possiamo rendere testimonianza alla luce.
Siamo invitati a riconoscere le persone luminose, che Dio continuamente manda in mezzo a noi e, nel contempo, possiamo vivere da illuminati. Il cristiano non si sforza di fare il bravo ragazzo, la sua vita è trasfigurata senza che egli stesso lo sappia, è una vita cambiata dall'amore di Dio.

Era la luce vera,
che illumina ogni uomo,
quella che veniva nel mondo.

Ma i testimoni non sono bastati, i profeti non sono riusciti a convincere la tenebra ad accogliere la luce; e la luce, allora, ha deciso di venire nel mondo. Gesù è la Parola che viene a dire chi è Dio, perché gli uomini faticano a capirlo, e rischiano di manipolarne l'immagine. Non abbiamo più bisogno di cercare Dio, egli è venuto per dare luce, per illuminare e spiegare chi è lui. E chi siamo noi.

Era nel mondo
e il mondo fu fatto

per mezzo di lui
e il mondo non lo riconobbe.
Venne nella sua proprietà
e i suoi non lo accolsero.

Dio è già presente nel mondo che ha creato, bagliori di luce riempiono il mondo e sono indizi della bellezza di Dio. Attraverso le opere della Creazione, la ricerca della scienza, la riflessione sull'arte, l'esperienza dell'amore umano e della solidarietà, possiamo intuire la grandezza di Dio, come hanno saputo fare i Magi, cercatori di Dio.

Dio viene, attraverso la sua Parola definitiva, Gesù, per svelarsi al mondo, ma il mondo, troppo ripiegato su se stesso, non l'ha riconosciuto.

A quanti però lo accolsero
diede il potere di divenire figli di Dio,
a coloro che credono nel suo nome,
i quali non da sangue
né da volontà di carne
né da volontà di uomo
ma da Dio furono generati.

Si parla di noi, che bello! Noi che lo abbiamo accolto, come Maria e Giuseppe o i pastori, o i Magi, o Simeone, diventiamo figli di Dio, noi che crediamo nel suo nome non per convinzione umana, non per tradizione, non per scelta, ma perché chiamati da Dio facciamo esperienza di rinascere. Il Natale, allora, non diventa memoria della nascita della Parola, ma nostra continua rinascita.

Siamo figli di Dio, cosa vi importa diventare presidenti o manager o premi Nobel? Se lo sarete, evviva! ma siamo già figli di Dio. Vi sembra poco? Sant'Ireneo ci scuote e ci ricorda: cristiano, diventa ciò che sei!

E il Verbo si fece carne
e dimorò fra noi
e abbiamo visto la sua gloria,
gloria come di Unigenito dal Padre,
pieno di grazia e di verità.

La Parola diventa carne, ossa, sguardo. E dimora, si ferma, sta.

Dio non viene di passaggio, viene per restare, per condividere, per amarci.

Possiamo vedere la sua gloria nei tanti segni che egli ci ha lasciato, nelle tracce della Parola che, diventata carne, possiamo incontrare. È la gloria che ci spinge, la bellezza di Dio che ci seduce.

Giovanni rende testimonianza a lui e proclama: «Questi era colui di cui dissi: "Colui che viene dopo di me ebbe la precedenza davanti a me, perché era prima di me"».

Giovanni dice a Giovanni e Giovanni dice a noi che Gesù non è solo un grande uomo, o un profeta, o il Messia. Gesù è prima, preesiste, è nel Padre. Dio non è il solitario, ma la comunione di tre persone che Gesù ha manifestato. Gesù è Dio con la pelle sopra, come ha detto un giorno una bimba del catechismo, ma non è evidente, non è banale riconoscerlo. Uomini e donne come Giovanni, come noi, rendono testimonianza a Gesù e dicono: egli è la manifestazione definitiva di Dio.

Della sua pienezza infatti
noi tutti ricevemmo

e grazia su grazia;
poiché la legge fu data
per mezzo di Mosè,
la grazia e la verità divennero realtà
per mezzo di Gesù Cristo.

Dio "trasborda" come una vasca troppo piena d'acqua. La sua grazia, il suo amore, la sua tenerezza, giungono fino a noi. Gesù è venuto a svelarci che Dio non ha a che fare con la legge, ma con l'amore, con il cuore, con la passione. Questo è venuto a dirlo perché gli uomini hanno preso la legge della libertà di Dio e l'hanno fatta diventare una gabbia, facendo di Dio un giudice severo. Gesù smentisce questa forzatura: cosa c'è di più tenero, di più disarmato di un neonato?

In Gesù noi sperimentiamo la grazia, cioè la benevolenza di Dio e la verità. Per noi discepoli, la verità è un volto, non una dottrina.

Dio nessuno l'ha visto mai.
L'Unigenito Dio,
che è nel seno del Padre,
egli lo ha rivelato (Giovanni 1,1-18).

Nessuno ha mai visto Dio, fidatevi. Solo Gesù che ce lo ha rivelato, non perché ha avuto una bella intuizione su Dio, ma perché egli stesso è Dio. Ciò che Gesù dice di Dio è frutto della sua esperienza trinitaria. Se volete trovare Dio, affidatevi alla testimonianza di Gesù. Dio non è lo sgorbio che a volte ne facciamo, ma il volto del Padre che Gesù ha testimoniato.

Bella riflessione sul Natale, che dite?

Suona l'*Angelus*, ora saluto Maria e vado a mettere su l'acqua per la pasta.

Orecchiette al sugo di broccoli, a seguire insalata di pecorino, radicchio e avocado.

A dopo.

CONGEDO

Sono andato al monastero a piedi, sotto la neve, per recitare l'ora nona con le monache benedettine, è uno dei vantaggi di abitare vicino ai santi! Non ti descrivo il paesaggio per non suscitarti legittime invidie poco natalizie.

Ora ti saluto, amico lettore.

Non so se sono riuscito a farti riscoprire il Natale, ma ci tenevo a scrivere questo prontuario, prima che il Natale scompaia travolto dall'abitudine e dagli sbadigli.

Spero tu abbia fatto il presepe, come fece san Francesco a Greccio per ricordare ai poveri pastori, protagonisti, che Dio era venuto per loro. E per suggerire, credo, ai crociati che era inutile andare a scannarsi in Terra Santa: Betlemme è ovunque lasciamo nascere Cristo.

E che tu abbia provveduto all'albero, meglio se ecologico, e vi abbia messo delle belle decorazioni e delle palline con le lucine. L'albero è una tradizione del Nord Europa legata ai culti pagani e che i cristiani hanno "battezzato" mettendovi delle sfere di cristallo che ricordano le ostie e le luci per ricordare la luce che brilla nelle tenebre.

E fai pure dei bei regali, ricordando a chi li fai che Dio per primo si è fatto dono.

E fai notare alla tua bambina che Babbo Natale non ha niente a che vedere con la Coca Cola, ma che era un vescovo, di nome Nicola, che amava molto i bambini e che è così felice che Gesù nasca che fa i regali ai bambini. Fortissimo: il compleanno è di Gesù e i regali li fanno a noi bambini!

E poi, se vuoi, raduna la tua famiglia, e fate un bel pasto ricordando di invitare il festeggiato.

E se andrai all'affollatissima messa della notte (io no, è troppo, davvero, andrò domani presto), ascolta i canti e le letture e, socchiudendo gli occhi, pensa che Dio chiede di nascere nel tuo cuore.

Se, invece, il tuo sarà un Natale di lacrime e sangue, se riesci, non disperarti.

Dio sa cosa stai provando e ti dice: per te è nato il Salvatore.

La tua vita è dura lo stesso, come quella dei pastori, ma non sei solo, fidati.

Ecco, Dio viene.

Pronti o meno, che ci crediamo o meno, questo folle che è Dio ancora rischia, ancora viene, ancora si dona.

Come lamentarci con Dio della sua lontananza? Come maledirlo, nelle nostre solitudini? Come contestare il suo operato?

Egli è qui, consegnato alla nostra indifferenza.

Buon Natale, amico lettore, di cuore.

24 dicembre, Etroubles, Valle d'Aosta

Grazie.
A Dio che non si stanca di me, quando anch'io sono stanco di me.
A Jakob, luce nelle tenebre, sorriso di Dio.
A Lu e alla sua costanza, ad Anna che corregge tutti i libri e che dice, mentendo, che la mia ortografia è migliorata, a don Elio che si fida, a don Giacomo che tifa per me e per il mio stile birichino.
Alla Chiesa tutta che mi ha dato Cristo.
Agli amici lettori, tantissimi, splendidi, amici.

Mi trovate, come sempre, su www.tiraccontolaparola.it, se volete fatemi sapere com'è andata la lettura di questo libercolo natalizio.

Due libri mi hanno aiutato nella stesura di queste riflessioni: uno, purtroppo, è fuori commercio, si tratta de *I Vangeli del Dio con noi*, di Mons. Ravasi, edito dalle Edizioni Paoline nel 1993. L'altro, molto impegnativo, è un classico del genere ed è di R. Brown, *La nascita del Messia*, edito da Cittadella Editrice nel 1981.

REGALI DI NATALE

Mi è successo, in questi ultimi vent'anni, di scrivere dei brevi racconti di Natale che fotocopiavo e regalavo agli amici, per togliermi l'impiccio del pensiero e per divertirmi un po'.

Ho pensato di sceglierne tre e di fartene regalo, amico lettore.

Un pensiero per te e per questo Natale, sperando di farti cosa gradita.

Un abbraccio.

Uno

Ho deciso di andarmene.

Non lo faccio per disperazione e neppure è una decisione affrettata, né presa in un moto di rabbia o sconforto. No.

Sono difficili da spiegare le mie ragioni (ma esiste una ragione, dopo tutto?), così come in questi anni è stato difficile comunicare tutto ciò che il mio mondo interiore viveva di sensazioni, sussulti e sentimenti, talora da essi cullato, ma, più spesso, da essi travolto. Un animo ricco il mio, certo.

Quante volte mi è stato detto: sei così pieno di sensibilità, di capacità, così pieno di successi!

Eppure, in fondo, di questi miei trent'anni non rimane che la nostalgia.

Una nostalgia profonda, melanconica, tersa nei meandri più nascosti del mio cuore.

Una nostalgia che né voi, papà e mamma, né Giulio, né Carla (che pure amo) avete colmato.

Certo, non per causa vostra, no.

È il segno, il segno di Caino, il segno della maledizione che grava il cuore di alcune persone (Demian di Hesse, ricordate?) e che le spinge, irrimediabilmente, a vagare tra i popoli, inquiete, senza pace, senza nulla.

Che sciocco. A chi importa di questi miei raffinati pensieri?

La gente vive d'altro, di ben altro. Ieri, alla cena di classe, dopo tanti anni ho rivisto i miei compagni: con le loro donne, le loro barbe, un accenno di pancia, l'auto nuova (Alessandro ha uno di quei macchinoni terribili da Camel Trophy), le mille banalità, le allusioni al sesso, una falsa (o vera, la loro?) felicità.

E lì, più che mai, mi sono smarrito, perso in questo giar-

dino interiore che ormai, come edera verdeggiante, raggiunge e soffoca ogni prospettiva.

Mi spiace, un po'.

Niente sensi di colpa, per carità, solo un lieve sussulto di dolore per lo sconforto che vi provoco.

Muoio di nostalgia, di cosa non lo so.

Chissà, forse dell'Amore intravisto e mai raggiunto, della Pienezza agognata e crudelmente allontanata (come novello Sisifo).

Per tutto questo, e per molto di più, ho deciso di suicidarmi.

Ciao, Marco.

Ripiegò la lettera senza rileggerla, con movimenti lenti. La imbustò, la incollò, scrisse in bella grafia: *papà*, poi la infilò sotto il nastro di un bel pacco rosso, che depose accuratamente insieme agli altri pacchi sotto l'albero di Natale che spandeva una colorata luce intermittente nella stanza. Spense la musica, interrompendo un *Notturno* di Chopin, si infilò il loden, la sciarpa, i guanti, aprì l'uscio, poi, con un attimo di esitazione, si girò, guardando il salotto che l'aveva visto crescere, e chiuse la porta dietro di sé.

Per l'ultima volta.

...

Si dondolava nervosamente sulla poltrona dirigenziale in pelle nera, sfogliando un voluminoso dossier rilegato. A tratti si lasciava sfuggire dei sommessi «non è possibile», «questa poi», e altre espressioni del genere.

L'uomo, un giovanile e distinto signore sulla cinquantina, anche se la barba curata irrimediabilmente bianca lo invecchiava, cravatta slacciata, senza giacca, mordicchiava la pipa da cui periodicamente faceva uscire giocosi sbuffi di profumatissimo tabacco.

Finito il fascicolo, lo appoggiò sulla scrivania, prese il telefono e chiamò:

«Signorina, voglio qui subito il responsabile del caso Ruzzi, e non mi importa se è la Vigilia di Natale!».

Cosimo bussò ed entrò, sapendo che il suo capo era di pessimo umore.

«Allora?», disse con veemenza mostrando il dossier.

«Non so che dire, è un caso molto complesso, lo seguo da anni, ho organizzato mille occasioni per sbloccare la situazione, ma non mi è riuscito di fare nulla...».

«Precedenti? Cause? Problemi?».

«No, continuò sommessamente Cosimo, normali incomprensioni con i genitori, ma per il resto molto equilibrato: ottima preparazione scolastica, una ragazza a cui vuole bene, parecchio talento artistico...»

«E?», insistette il capo.

«Non so... l'ho fatto vedere ai miei superiori... dicono che è mal di vita, chissà, forse troppa sensibilità, troppa intelligenza, magari un po' di psicanalisi avrebbe potuto...».

«Non se ne può più di voi studentelli!, sbottò l'uomo barbuto, alzandosi dalla poltrona: studiate, pianificate, progettate, e poi? Ecco i risultati! Lo sapevo io che finiva così! Siamo sempre noi della vecchia guardia a riparare i vostri danni, le vostre incompetenze!».

Vi fu un attimo di imbarazzo, seguito da un silenzio grave.

L'omone si fermò pensando. Si avvicinò a Cosimo, che si era fatto piccino, piccino, gli diede una manata sulla spalla, distensiva e amichevole e con un sorriso bonario disse: «E sia, si lavora anche alla Vigilia! Chiamami una squadra di Pronto Intervento, subito!».

...

Fine.

Lo schermo divenne nero e si accesero le luci in sala.

Nel cinema c'erano poche persone, qualche coppietta, un bisbiglio sommesso, niente di che.

Luca, profondamente scosso dal film, esitò ad alzarsi. Poi, vedendo che era rimasto solo, si riprese e uscì da quel piccolo cinema di periferia, infilandosi nel freddo della notte per raggiungere casa.

Scosso, molto scosso, pensava dentro sé.

L'Abbé Pierre, che uomo! Che carisma! Che bel film! E che fotografia! Si sa, i francesi, quando ci si mettono ... Ha fatto bene Laura a dirmi di venire, a dire che era bellissimo, adesso devo trovare un libro che racconti la sua vita, insomma qualcosa per saperne di più...

Intanto la strada percorsa era parecchia e Luca affrettava il passo per passare a prendere sua madre.

Signore – pregò – stanotte farò memoria della tua nascita. Cresci dentro me, cresci nella mia preghiera, cresci nel mio cuore, perché ti possa riconoscere e servire nei miei fratelli... Sì, come l'Abbé Pierre.

...

L'ufficio dirigenziale era ormai invaso da una fitta coltre di profumato fumo.

La stanza si era riempita di più persone, tutte elegantemente vestite, un po' imbarazzate per la presenza del superiore (che peraltro godeva di ottima fama, malgrado la sua irruenza) e soprattutto per l'imminenza del Natale che li avrebbe visti fuori casa, in pieno lavoro.

Il dirigente smise di scrivere, visibilmente soddisfatto.

Porse il foglio a Cosimo.

Poi iniziò: «Chi segue Perini?».

Un distinto signore sulla sessantina alzò timidamente la mano.

«Ottimo, so che hai vita facile e che lui è quasi cotto. Dovremmo riuscire a prendere due piccioni con una fava. E il sacerdote?».

Un altro cenno con la mano fece girare lo sguardo di tutti verso una ragazza giovane.

«Bene, ottimo! Devi essere in gamba se già ti hanno affidato un tale compito! Ai miei tempi invece… vabbe', non facciamo i piagnoni. Devi intervenire subito. E la squadra di meccanici?».

«Eccoci», disse un ragazzo in tuta da lavoro.

«Bene, disse con una certa solennità il capo, sincronizziamo gli orologi: sono le ventidue e trenta del 24 dicembre. L'operazione *happy christmas* ha inizio tra… dieci minuti a partire da ora. Che Dio ce la mandi buona!».

…

«Mer...coledì, mi fanno continuare il turno!».

Il poliziotto si era appena tolto il giubbotto di pelle nera e il casco e guardava l'ordine di servizio.

Un collega, passandogli vicino, con una tazza di caffè fumante, gli disse: «Guzza ha appena telefonato da casa: ha un febbrone da cavallo e sta male. Dobbiamo sostituirlo e non abbiamo trovato nessuno, non resti che tu! Devi tenere duro fino alle sei di domattina».

«Già – reagì indispettito il poliziotto – tanto ho preso servizio solo stamattina e in fondo non è che la Vigilia di Natale!».

«Beh, tagliò corto l'altro, si vede che sei sfortunato. Sei di pattuglia con Gianni sul lungofiume: un modo originale di passare Natale, no?».

...

Luca entrò in casa tutto infreddolito, ancora assorto nei suoi pensieri sul film visto. Aveva finito di sgranare qualche decina del rosario che teneva in fondo a una tasca del paletot. La madre era al telefono, già pronta per uscire. «Eccomi mamma, sei pronta?».

La madre fece cenno di tacere e continuò la conversazione al telefono: «... da non credersi... e per la Messa di mezzanotte? Ma dimmi... chi lo ha soccorso? Sì certo, conta su di me, starò io in ospedale domani. Ciao, grazie, Buon Natale!».

Posò la cornetta e incontrò lo sguardo interrogativo del figlio. «Un incidente, pensa un po', a don Gino. Poco fa, mentre era sulla scala a piantare un chiodo per appendere la stella cometa, è caduto pesantemente. Si dev'essere lussato la spalla!».

«Ma... e la Messa?».

«Non si fa, bisogna andare alla Parrocchia del Sacro Cuore».

«Che scocciatura! – rispose Luca stizzito – tiro fuori la macchina, allora. Proprio alla Vigilia di Natale! Occorre pure spicciarsi, sennò non arriviamo in tempo!».

Luca corse in garage, aprì la serranda, salì in macchina e provò a farla partire.

Nulla. Non un suono. Batterie a zero.

Allungò la mano ai pulsanti del cruscotto e si accorse che le luci erano rimaste accese. «Porc!», disse colpendo il volante con il palmo della mano, «Ci mancava la macchina ferma!».

Corse in casa, confabulò con la madre che disse che non se la sentiva di andare fino al Sacro Cuore a piedi. «Andrò io!», risolse Luca.

«Ti conviene passare per il lungo fiume e tagliare al ponte degli Angeli, in mezz'ora ce la fai!», gridò dalla porta la mamma a Luca che ormai si era dileguato nella notte sotto la neve che aveva lentamente iniziato a cadere.

...

Marco guardava in basso il fiume minaccioso e scuro. Adesso, un po' di paura l'aveva.

Aveva freddo.

Sentiva il cuore battergli nelle tempie e nella gola.

Fece un profondo respiro, salì sul parapetto, e si gettò nel fiume.

Luca sentì il tonfo e, insieme a lui, i due poliziotti che avevano visto la scena e si misero a correre verso il suicida gridando.

Il corpo era già stato inghiottito dalla fredda corrente e il volto ceruleo di Marco veniva coperto, a tratti, dalle onde del fiume.

Uno dei due poliziotti, senza indugiare, si tuffò nel fiume cercando di nuotare verso il punto in cui la corrente avrebbe probabilmente trascinato il corpo di Marco.

Fu un attimo solo, lunghissimo...

Il poliziotto riuscì ad afferrarlo per la giacca, quasi gli stava per fuggire, ma con un colpo di reni lo cinse con le proprie gambe e, faticando a tenere a galla il volto del giovane, riuscì a raggiungere un muricciolo che in altri tempi serviva da attracco alle chiatte.

L'urto col muro fu violento, ma comunque i due malcapitati erano fuori dalle onde.

Intanto l'altro poliziotto, Luca e alcune persone avevano seguito dal lungofiume la scena e subito riuscirono a tirare sul marciapiede i due.

Luca e un signore si tolsero il cappotto, fregando energicamente il corpo dei due.

Il poliziotto, dopo qualche colpo di tosse, sputando acqua, alzò la mano, rassicurando tutti sul suo stato di salute e dicendo a fatica: «Tutto bene, pensate a lui».

Due, quattro, otto mani continuavano convulsamente a fregare il corpo di Marco.

«Dai, su bello, così, così».

Il volto di Marco, ceruleo, riprese un filo di colore, mentre le labbra nere divennero prima viola e poi rosa.

Un colpo di tosse, un altro, poi una lunga sequenza di colpi.

«C'è! C'è!», urlava il poliziotto.

Marco guardò tutti, visibilmente scosso, incredulo di essere vivo.

Ci fu un pesante attimo di silenzio, tutti erano proni su di lui.

Iniziò il più anziano dei soccorritori, ancora fuori di sé dallo spavento a dirgli: «Ma sei pazzo? Così giovane? Ma la vita è bella, Cristo! Ma perché!». Un altro suo vicino riprese la frase: «Ma sì, pazzo, che fai?», e poi un altro e un altro...

Luca urlò più forte di tutti: «Basta! Zitti!».

Tutti tacquero, guardandolo. Si mise in ginocchio, vicino al volto di Marco che lo guardava intontito e spaventato.

Luca gli pose una mano dietro alla nuca, e con l'altra prese ad accarezzargli il volto. Piangeva, avvicinava il suo volto a quello di Marco, guancia a guancia, e lo cullava, tra il silenzio stupito di tutti. Poi lo guardò dritto negli occhi, sorrise, e gli disse: «Amico. So che dentro hai un dolore immenso. So che la vita ti sembra inutile e che la vuoi buttare via. So che nessuno mai ti ha parlato del fatto che Dio ti ama e ti chiede di aiutarlo a costruire il suo regno. Se proprio la vuoi buttare, la tua vita, perché non me la regali? Ne ho bisogno, un sacco di gente ne ha bisogno. Buttala via per loro, insieme a me...».

Marco lo guardò un attimo.

Luca sorrideva, ora.

Marco lo guardò ancora, poi scoppiò in un pianto disperato, abbracciandolo.

...

Sulla scrivania dirigenziale la bottiglia di Champagne era ormai vuota.

Tutti, visibilmente soddisfatti, continuavano a chiacchierare.

Il dirigente barbuto, cravatta slacciata, maniche rimboccate, posò la pipa, prese la *flûte* di Champagne e tossicchiò.

Tutti zittirono, guardandolo.

«Allora, signori, complimenti vivi. Complimenti a te, giovanotto, hai fatto un ottimo lavoro con don Gino».

«Grazie. Certo non è stato facile. Alla fine ho dovuto ricorrere alle maniere forti, ma era l'unico modo per far deviare Luca Perini verso il ponte, facendolo partecipare alla Messa della Parrocchia del Sacro Cuore».

«Così – interruppe il capo – quello zuccone di prete sarà costretto a prendersi qualche settimana di ferie!».

«E noi – riprese il meccanico – ci siamo dovuti sbrigare a scaricare la batteria, così che Luca non potesse né prendere la macchina, né prendere sua madre. Abbiamo finito un minuto prima che entrasse in garage!».

Tutti scoppiarono a ridere.

«Certo, anche con il poliziotto non è stato facile. Ma era l'unico che sapesse nuotare – disse un signore di mezza età – e credo che l'arrabbiatura gli sia passata. Lo proporranno per una medaglia al valor civile!».

«Bene, ottimo, stupendo – riprese il capo – Ora, Cosimo, tocca a te. Marco Ruzzi stasera ha capito qualcosa. Lo abbiamo preso al volo, cerca di farlo crescere nell'amore».

Cosimo, lo sguardo basso, felice per lo scampato pericolo, ma un po' preoccupato, alzò lo sguardo e sorrise, agitando le ali.

«Cercherò», disse.

In quel momento scoccavano i rintocchi della mezzanotte.

Qualcuno bussò ai vetri della porta. Entrò un bel giovane sulla trentina in doppio petto.

«Si può?» disse, infilando la testa nella stanza. «Sicuro, sicuro!», esclamò il capo, dirigendosi verso la porta con un largo sorriso, «Sei sempre il benvenuto, qui. E poi sei il gran capo!».

«Com'è?», chiese l'ospite.

«Credimi: una giornataccia!».

Riprese: «Ho saputo della brutta faccenda... mi spiace avervi fatto lavorare alla Vigilia di Natale, ma ho visto che le cose sono andate bene. Bravi, continuate così. Ora vi saluto, vado a continuare il giro».

Strinse la mano a tutti, visibilmente imbarazzati per tanta attenzione, poi si diresse verso la porta.

Il capo disse: «... a proposito: buon compleanno, Signore».

Gesù si girò, sorrise: «Buon Natale a te, Pietro, e a tutti voi. Siete proprio degli angeli».

(Natale 1997)

Due

Luca rimirava la pagina appena stampata sulla scrivania. Alla luce di un piccolo abat-jour, tra fogli sparsi e un dizionario aperto, contemplava il racconto più bello del suo Vangelo.

Si era informato con cura: con Paolo, Barnaba, Pietro.

Aveva ricevuto via fax alcuni riassunti da Antiochia e Tessalonica.

Si sentiva contento. Gli sembrava un onore quell'incarico affidatogli da Teofilo, che non si era lasciato scoraggiare dalla sua giovane età, ma si era fidato della sua puntigliosità di storico e della sua profonda amicizia con Saulo.

Ritornò a inizio pagina e digitò, sottolineando: *Nascita di Gesù*.

...

Al tavolo si leggeva in silenzio il racconto, fotocopiato e distribuito a tutti.

Luca era nervoso; con Paolo, Pietro e gli altri, non c'erano stati problemi.

Anzi, molti avevano lodato il suo lavoro.

Anche Marco gli aveva telefonato, complimentandosi.

Ma lo scoglio più duro era qui: il sindaco, i commercianti, i sindacalisti...

Si era chiesto, Luca, perché dovesse superare questa prova. Come sempre gli avevano fatto notare che il Vangelo non era solo una questione dei cristiani, ma che riguardava tutti e che, perciò, da tutti doveva essere giudicato.

Dopo qualche minuto di silenzio il sindaco posò il foglio, alzò lo sguardo dagli occhiali:

«Sì, bello, documentato, lineare... ma, abbia pazienza signor Luca, mi sembra di cogliere alcune imperfezioni, alcune... come dire... ambiguità. Sì, che so: sembra quasi che l'imperatore e il governatore fossero all'oscuro di tutto».

«Ma – rispose Luca concitato – è andata proprio così, nessuno tra i responsabili seppe della cosa!».

«Ma è imbarazzante... con tutti questi discorsi secessionisti, mi sembra che lei voglia insinuare l'idea di un disinteresse all'avvenimento da parte dell'autorità costituita! È un discorso ambiguo, quasi anarchico, capisce? Direi di riformulare la cosa facendo notare che si era preparata un'accoglienza, un qualcosa, capisce?».

Luca taceva.

«E poi – intervenne l'assessore al Turismo – cos'è questa storia di Betlemme? Nostalgie leghiste? A Gerusalemme va fatto nascere! A Gerusalemme! La capitale!».

«Mi permetto di aggiungere – notò il rappresentante dei commercianti – che forse andrebbe fatto un accenno che faciliti la nostra categoria. Ormai a Natale non c'è più neve e le stagioni diventano problematiche. Perché non farlo nascere alla prima neve?».

«In Palestina?», rispose stupito Luca.

«Andiamo, che sarà mai? Una piccola chiosa! Pensi alle

nostre famiglie, all'economia, alla crisi economica, una piccola aggiunta non guasterebbe».

«E poi, e poi – interruppe concitato un albergatore – il rifiuto degli albergatori ad accogliere Maria e Giuseppe a Betlemme è a dir poco offensivo! Sicuramente c'è stato un malinteso con l'agenzia che ha prenotato, occorre chiarire la situazione!».

Incalzò una donna di mezza età: «Senta, signor Luca, capisco la storicità, l'annuncio, le vostre esigenze, ma a me questo racconto proprio rovina il Natale! Pensi ai nostri bambini: così come dice lei i pastori sembrano dei delinquenti, degli emarginati!».

«Lo erano», interruppe secco Luca.

«... sì, ma i bambini, capisce... perché non addolcire il clima? Che so, inserire un po' di poesia, mettere dei pastorelli, un fornaio, un pasticciere...»

«In Palestina?», riprese, ormai disilluso, Luca.

«Certo, certo – si inserì un commerciante – anzi, anche i Magi, occorrerebbe ampliare il discorso... oro, incenso, mirra, sono cose incomprensibili, desuete, occorre attualizzare».

«Infine, – riprese il sindaco – credo che dipingere Maria e Giuseppe come due spiantati sia un po' eccessivo, classista, populista. Si rischia di escludere una larga fetta degli abitanti della nostra società!».

Tutti annuirono.

Luca, piccino piccino, col foglio in mano e un groppo in gola, disse con un filo di voce:

«A voi non importa cosa è successo, vero?».

Silenzio.

Il sindaco si alzò, gli mise paternamente la mano sulla spalla e con voce suadente disse:

«Ma certo che ci sta a cuore, andiamo! Ma Natale è un affare per tutti, un *business*, non solo una cosa di voi cristiani. Sia gentile, lo riscriva, la prego...».

...

Luca, scuro in volto, leggeva il foglio appena stampato. No, non era molto contento.

In quei giorni, sapendo dell'arrivo imminente di Dio, un decreto di Cesare Augusto ordinò che si facesse un censimento su tutta la terra in Suo onore. Questo censimento fu fatto quando era governatore della Siria il bravo ed onesto Quirino. Andavano tutti a farsi registrare, a spese dell'impero, ciascuno nella sua città. Anche Giuseppe, il mobiliere, che era della casa e della famiglia nobile di Davide, salì a Gerusalemme, scortato dalla guardia d'onore, insieme alla sua bellissima sposa, Maria, parente del sommo sacerdote, che era incinta. Ora, arrivati in quel luogo, accolti trionfalmente, furono ospitati nel Palazzo Reale, a spese dell'Associazione Albergatori di Gerusalemme. Era inverno inoltrato e cadeva, giusto per l'apertura delle piste sull'Ermon e sul Tabor, una fitta e farinosa neve che avrebbe entusiasmato i turisti. Maria diede alla luce un bel bimbo con gli occhi azzurri che venne subito accudito dalla baby-sitter reale. C'erano nei dintorni della città alcuni stimati commercianti di pecore, alcuni fornai e pasticcieri. Un angelo del Signore si presentò a loro e la gloria del Signore li avvolse. Apparvero una miriade di angeli che intonarono un canto natalizio: «Gloria a Dio nel più alto dei cieli e pace, grazie all'intervento dell'ONU, agli uomini che egli ama». Alcuni Magi giunsero attraverso un sentiero tra scroscianti ruscelli e piccole cascatelle al Palazzo Reale e, davanti al bambino, aprirono i loro scrigni contenenti un montone rovesciato, un servizio d'argento di Christophle per 24 persone e un set da viaggio di profumi e after-shave di Giorgio Armani».

Finito il racconto, don Carlo alzò lo sguardo sul gruppo.

«Bello», disse Laura.

«Sì, decisamente bello», annuirono tutti.

«Allora – disse don Carlo – lo teniamo così per il Presepio vivente».

«Speriamo che la gente capisca», concluse Claudio.

Don Carlo mise da parte i fogli sparsi sul tavolo e prese in mano la Bibbia.

Tutti tacquero. «Natale è vicino. Vi siete preparati? C'è il rischio, ragazzi, che proprio noi, che nella fatica e nell'amicizia vogliamo approfondire la fede, finiamo con l'essere travolti da tutto ciò che il nostro mondo ha costruito intorno a questo evento, banalizzandolo».

«È vero – sottolineò Laura – con tutta la gente che c'è e il lavoro, c'è il rischio di fare del Natale una festa triste».

«Certo – riprese don Carlo – cosa avete intenzione di regalare a Cristo?».

Ci fu una pausa stupita di silenzio.

«Come i Magi, dovremmo pur regalargli qualcosa, no? Vi propongo, allora, di scrivere su di un foglio ciò che siete disposti a dargli. Poi, la notte di Natale, ci troviamo prima delle prove del Presepio e facciamo un attimo di preghiera, condividendo la nostra riflessione, in modo anonimo, d'accordo?».

La Smemoranda aperta, Laura pensava: «Cosa dargli? Non che abbia molto, però è anche vero che questo è stato un anno eccezionale: ho trovato lavoro, sono cresciuta nella fede, con Marco ora va bene. Sì, è stato un bell'anno, senz'altro. Credo che valga la pena ringraziare».

«Menate – pensava Claudio sballando gli ultimi arrivi – solo menate. Don Carlo non sa più cosa inventare. Però devo stare al gioco... cosa donare? Potrei propormi di essere un po' più gentile a casa... ahhh... mi sembra di essere al catechismo... mi sono ridotto a fare i fioretti! » e diede un colpo deciso al cartone da aprire.

La testa appoggiata al sedile, gli occhi socchiusi, Paola pensava a come dire ai suoi che non se l'era sentita di presentarsi all'esame, aveva avuto paura e il professore era di pessimo umore... Aprì gli occhi, scossa da un movimento laterale del vagone. «Già, è quasi Natale... che schifo, va tutto storto. Devo avere più grinta sennò i miei mi fanno mollare. Studierò di più, anche durante le vacanze».

Era finito il primo tempo, la squadra era in testa.

Bardati da tifosi ultrà, un gruppo di ragazzi commentava la partita. Luca si girò verso Matteo: «Vai ancora dal prete?», Matteo sorrise, tentennò, rispose: «Figurati, che palle!». Rientrarono le squadre, un boato sugli spalti. Ma a Matteo non andava giù quella bugia. Perché non aveva avuto il coraggio di dire ciò che pensava? Perché non aveva detto che partecipava agli incontri? «Uffa – pensò dentro di sé – chissà perché mi devo vergognare…».

Don Carlo restava davanti ai fogli sparsi sulla scrivania. Non aveva molta voglia di lavorare. Anzi, per niente. Pensò che erano sette anni che preparava il Natale in quella Parrocchia. Sorrise: gli sembrava che nulla fosse cambiato, che tutto sommato la gente non avesse capito tutto quello che aveva dentro. Scacciò i cattivi pensieri, alzò lo sguardo sull'icona posta sopra la scrivania e riprese il lavoro.

Luisa taceva, il foglio bianco, il cuore pesante. Che le succedeva? Dov'era la Luisa allegra e frizzante? Dove il suo coraggio, la sua fede? Le lacrime le rigavano il volto, in silenzio. Si sentiva macinata dentro, masticata... com'era lontano il suo Dio... come si sentiva fragile, piccola, sola. E il far memoria del Natale, invece di darle coraggio, incupiva il suo volto. Il dolore saliva, ritmicamente, sommesso e i pensieri rotolavano su altri pensieri cupi, la sofferenza trainava sofferenza, e lei ne era travolta. Amare troppo fa male, a volte. Era stanca, stanca di ricominciare, di ascoltare, di pazientare, di aiutare. Stanca... stanca ...

...

La gente era arrivata alla spicciolata, elettrizzata per l'impegno da affrontare; si riunirono intorno al tavolo. Al centro, in un cestino, tanti fogli piegati a metà. Silenzio, poi don Carlo fece un ampio segno di croce e prese un foglio a caso, lo lesse con voce lenta e pacata:

«Ti offro, Signore, la fatica di studiare e anche i fallimenti, aiutami a crescere».

Allungò la mano ad afferrare un altro foglio: «Eccoti, Signore, il mio grazie per le cose successe quest'anno». Poi un altro: «Ti offro Signore, la Parrocchia e la gente che passerà il Natale lontano da te». «Propongo di essere più gentile in casa». E poi ancora e ancora, uno dopo l'altro. Restava l'ultimo foglio. Lo prese. Luisa alzò lo sguardo spento: il suo foglio era bianco, era vuoto perché lei era vuota dentro. Don Carlo lo aprì. Ci fu un attimo di silenzio, poi socchiuse gli occhi, sospirò e, con la voce a tratti rotta dall'emozione, disse:

«Ti offro, Signore,
il mio nulla, il mio fallimento, la mia angoscia.
Sai, a volte la vita è dura e ci calpesta,
proprio quando pensavamo di averla capita
e a chi ama la sofferenza è decuplicata.
Perché Signore?
So che mi ami, ma ora non lo sperimento.
Come i pastori, gli ultimi tra gli ultimi,
vago nella notte, nel freddo della solitudine
aspettando una qualsiasi stella che indichi dove sei...
Lo so, non è una gran bella offerta, non è un gran bel dono,
ma è tutto ciò che ho e te lo do volentieri.
Ho il cuore come una stalla, Signore,
il luogo ideale perché tu nasca».

Don Carlo alzò lo sguardo. Tutti tacevano, commossi, imbarazzati. Il suo sguardo cercò quello lucido di Luisa. Poi disse, fissandola: «Buon Natale, ragazzi».

(Natale 1996)

Tre

«Lo devo ammettere con tutta me stessa, devo arrendermi all'evidenza: non mi piaccio, non mi piace la mia vita, non ho futuro, ho sbagliato tutte le mie scelte. Sono una fallita.

Sfuggo da anni questa conclusione, ma non posso continuare a nascondermi dietro a un dito.

Quand'ero piccola, come tutti, sognavo un grande futuro per me, una vita felice, molte opportunità, un lavoro soddisfacente, una bella famiglia...

Certo, il fatto di avere dei genitori poveri e l'essere nata in un piccolo paese di provincia non mi ha certo aiutato!

E neppure il mio carattere, timido, e il mio aspetto, mediocre, mi hanno aperto molte porte.

Ma cosa chiedevo, in fondo?

Desideravo una vita semplice, un lavoro dignitoso, qualcuno da amare e da cui essere amata, un figlio, forse due, da far crescere, e un po' di salute.

Nulla.

Sono sola, totalmente sola, non ho mai avuto né il tempo né il coraggio di farmi amare o di conoscere persone al di fuori della stretta cerchia dei miei familiari.

Il lavoro mi ha preso molto, e il poco tempo libero rimastomi l'ho consumato dietro alle faccende di casa o facendo qualche passeggiata nelle campagne intorno al villaggio.

Non ho mai incontrato nessuno che mi piacesse o che mi interessasse. Una sola volta è accaduto, con quel giovane di passaggio dalla capitale.

Si era fermato qualche notte da noi: il suo padrone e la mia padrona erano lontani parenti.

Abbiamo anche scherzato e riso quella sera intorno al fuoco, e aveva manifestato un qualche interesse per me. Ma non è successo nulla. Dopo qualche giorno sono partiti e non si è più fatto sentire.

Poi, chissà, magari voleva solo un'avventura da una notte, come fanno spesso i maschi».

Il suo umore era nerissimo.

In realtà non era mai stata un'ottimista.

Che doveva farci? L'Altissimo l'aveva creata così, nella sua misteriosa provvidenza, e così era vissuta fino ad allora, vedendo sempre e solo il bicchiere mezzo vuoto.

A scatenare un eccesso di autocommiserazione era stata la scoperta fatta il giorno precedente quando, vista la sua immagine riflessa nel ruscello cui si era avvicinata per bere un sorso, durante il pascolo, si era accorta di quanto il tempo le stesse segnando i lineamenti.

Quanto è difficile accettare di invecchiare! Di appassire! Quanto è doloroso vedere la propria giovinezza andarsene!

Stava in piedi accanto alla piccola finestra che dava sull'aia.

Il tramonto era sceso rapidamente, come sempre, e già le prime stelle si stavano accendendo nel terso cielo di Palestina.

Non aveva toccato cibo, i suoi cupi ragionamenti le addentavano la bocca dello stomaco inesorabilmente e le lacrime cominciarono a sgorgare abbondanti dai suoi occhi chiari.

Si scosse.

Provò a concentrarsi sulla bellezza del paesaggio circostante. Indugiò guardando le colline e gli ulivi il cui profilo si stagliava contro il cielo sempre più scuro, le sagome delle basse casupole che si aggrappavano alle pendici della collina su cui sorgeva il villaggio, qualche flebile luce provenire dalle finestrelle delle case.

Immaginava quanta vita celassero quelle abitazioni, quante emozioni, quanti dolori, quanta speranza.

«Devo smettere di essere così ingrata!

Ci sono delle cose positive nella mia vita, devo solo imparare a guardare quelle, invece di ripiegarmi su me stessa e accarezzare la mia disperante solitudine!

I miei padroni, ad esempio.

Elsheba mi tratta come se fossi una figlia, non mi percuote mai ed è sempre comprensiva quando non sono in forze. Certo, il lavoro alla mola non è dei più leggeri, e anche quando si tratta di andare al pascolo e di portare dei grandi pesi o di raccogliere le olive si fatica molto, ma non si esagera mai. Ed è una fatica che ci vede lavorare tutti insieme, servi e padroni.

E suo marito Finees non è forse un pezzo di pane? Ha sempre vissuto per il lavoro e nel timore di Dio, nel rispetto della Torah e nell'elemosina ai poveri!

Portano con immensa dignità la disgrazia di non avere figli e sono stimati da tutti i vicini.

Sì, sono stata proprio fortunata a mettermi a servizio di questa famiglia che mi dona sempre il necessario e anche il di più, con discrezione e dignità. Di cosa mi posso lamentare?

Non mi hanno anche portato con loro in pellegrinaggio a Gerusalemme?

Che giorni straordinari sono stati, quelli!

Con tutti i bambini che ci correvano intorno facendoci festa e chiedendo un piccolo dolce che la mia padrona non lesinava a nessuno! E si sono messi a giocare anche con me, senza badare al fatto che fossi una povera e timida provinciale!

Che bello vedere giocare i bambini e giocare con loro!

Me lo diceva sempre mia madre: non c'è nulla di meglio, per noi poveri, che finire in una casa di timorati di Dio! Credimi, figlia mia, diceva, ho vissuto sotto padroni terribili, che si ubriacavano e mi percuotevano senza che io avessi commesso nulla di grave!

Benedici anche tu il Creatore per averti dato in sorte questa coppia di padroni!

Aveva ragione e di questo devo davvero ringraziare il Padrone dell'Universo».

L'umore, ora si era leggermente schiarito.

Certo, bisognava guardare alle cose belle e cercare di superare le ombre.

«Lo diceva anche il Rabbino Haim, durante lo *shabbat,* in sinagoga: una vita non si giudica dai beni o dal denaro, non dalla fama o dall'importanza, non dal ruolo sociale o dall'avere tanti figli stimati e rispettosi, ma dall'essere giusti davanti a Yhwh.

Ognuno, egli diceva, ha un suo compito da realizzare, perché il Creatore, il suo nome sia benedetto, non ha concluso il creato, ma ha affidato a noi, ad ognuno di noi, un piccolo compito da realizzare. Siamo come delle piccole stelle nel firmamento, contribuiamo a far luce anche senza far nulla, ma lasciandoci illuminare dal sole.

Certo, anche se non ho avuto la fortuna di avere un compagno, anche se non ho avuto figli, anche se non ho fatto grandi cose, ho cercato di vivere nella giustizia e nella pietà, nella compassione e nell'amore e un giorno, se Yhwh vorrà, capirò anch'io per quale compito egli mi ha creata, capirò quale compito mi è stato affidato».

Quest'ultima cosa la disse sorridendo.

Ora era più serena, pregando in cuor suo il Signore di accettare le sue scuse per tanta ingratitudine.

Stropicciò gli zoccoli sulla terra battuta e si avvicinò alla sua cena, cominciando a brucare il fieno con gusto.

Fu in quel momento che si aprì la porta ed entrò, al lume di una lampada, il suo padrone Finees.

Dietro di lui un giovane teneva fra le braccia una ragazza, visibilmente stanca e provata.

«Se vi adattate, qui è pulito ed è sufficientemente caldo per passare la notte. Ora verrà Elsheba: è andata a chiamare la vicina che è pratica di partorienti. Io vado a cercare dell'acqua e degli asciugamani puliti».

Finees spostò un'anfora piena di grano, gettò qualche manciata di fieno in terra e vi posò sopra il suo mantello. Aiutò il giovane a coricare la partoriente. Poi fece per uscire.

Il giovane lo fermò per un braccio, con gli occhi lucidi:

«Sei la nostra salvezza, non sapevo proprio come fare, molti hanno chiuso le porte delle loro case davanti ad una partoriente. Che Dio, l'Altissimo, benedica te e la tua casa per la tua accoglienza e la tua generosità!».

«Dio mi ha già ricompensato con una vita lunga e dignitosa. Stai sereno Josaphat, ora arrivano le donne e aiuteranno la tua bella sposa a partorire il tuo primogenito. E tu, Mariam, sei in mani sicure, il tuo sposo è pieno di audacia», disse rivolgendosi alla ragazza che annuì con un lieve sorriso.

Poi si avvicinò all'asina e le accarezzò la testa.

«E tu, fedele serva, stai vicino a questi giovani e scaldali col tuo fiato e preparati a condividere il tuo latte con il neonato. Questa sarà una lunga notte per tutti».

(Natale 2008)

SOMMARIO

Stampa: Rotomail Italia S.p.A. - Vignate (MI)